AF451709

# EPISTRE APOLOGETIQVE

## POVR

## LE DISCOVRS DE L'ORIGINE DES ARMES.

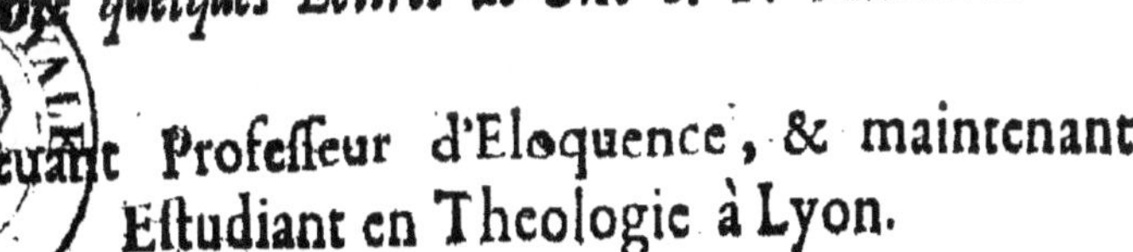

Contre quelques Lettres de Me C. F. Menestrier.

Cy-devant Professeur d'Eloquence, & maintenant Estudiant en Theologie à Lyon.

Par C. L. L. A. P. de l'isle Barbe.

Page 2. ligne 26. Et aux autres semblables. lisez Et autres semblables.

pag. 7. lig. 12. Mais de touts les plus belles ; lisez de toutes les plus

pag. 8. lig 12. qu'ils ne vendissent. lisez qu'ils n'en vendissent.

pag. 16. lig. 32. teint en sang. lisez teint du sang.

pag. 16. lig. 31. pieces de la palissade de la garde. lisez Et de la garde.

pag. 33. lig. 19 Phoceon. lisez Phocion.

pag. 34. lig. 13. par vos propres afaires lisez par vos propres.

pag. 40. lig. 1. maritimæ lisez maritimæ

La mesme lig. 19. il n'est veritable que les Armoiries. lisez que toutes les Armoiries.

pag. 49. lig. 32. les la Faye. lisez les Manuel Sieurs de la Faye.

pag. 56. lig. penult dans le combats. lisez dans les combats.

pag 93. lig. 11 si les Archeuesques doiuent. lisez si les Archeuesques dis-je.

pag. 94. lig 32 de qui se passe. lisez de ce qui se passe.

pag. 95. lig. 21 ainsi d'Edouart de la Biche. lisez ains d'Edouart.

pag 98. lig. 11. & 12. ils ont aussi des Clauiers. lisez ils ont aussi des Clauaires.

pag. 104. lig. 10. *du effets des caprice.* lisez *des effets du caprice.*

pag. 116. lig. 3. en Latin *Cerasus.* lisez du Latin *Cerasus.*

La mesme lig. 11. toutes les 75 langues lisez 72.

pag. 117. 25 de ce fiel envenimé vn temps. lisez en vn temps.

pag. derniere lig. 7. τὸ ἐσ τελέυτων lisez τελέυτων

# A L'ISLE BARBE.

ONSIEVR,

Le temps s'écoule, & ie ne vois ny les fignes de voftre refipifcence que vos amis me faifoient efperer, ny ces montagnes d'obferuations, dont vous menaciez mes Origines. C'eft ce qui m'oblige de donner au public la refponfe à voftre Lettre du 8. Octobre, qui fera telle, qu'en fatisfaifant à celle-cy & à quelqu'autres que i'ay receües depuis de voftre part, vous n'aurez pas fuiet de fouhaitter mes reflexions fur voftre Liure, qui ne laifferont pas de venir en leur temps.

Vous m'aduertiffez en premier lieu de ne me point feruir d'armes empoifonnées ; ie vous en fçay fort bon gré ; mais vous deuiez le premier mettre cet aduis en practique, & vous n'eftes pas iufte de me vouloir obliger à la retenuë, apres vous eftre emporté de gayeté de cœur, & d'vne maniere fi defobligeante, que vous en auez eu honte. En effect vous vous eftes mis en quelque deuoir de reparer ce traict de petulance dont vous me parlez, & qui n'a pas laiffé de venir iufques à moy. Mais outre que vous n'auez fait que ce que vous deuiez, vous l'auez fait de fi mauuaife grace, que ie ne fçaurois en eftre fatisfait. Et il y a bien de l'apparence qu'en tout cecy vous auez pluftoft fuiuy le iugement d'autruy, que le voftre propre, puifque vous en témoignez quelque forte de defplaifir, & me faites menacer de

A

le reſtablir dans la ſuite de voſtre ouurage. Au fonds cette riſee eſtoit neceſſaire pour l'inſtruction de voſtre lecteur ou non. Si le premier, pourquoy l'oſties vous. Et ſi au contraire elle ne ſeruoit que pour donner iour à voſtre paſſion, à quel propos me menaſſer de faire reuiure, ceſte ſaillie deſprit que vous ou vos amis n'auez peu ſouffrir tant elle eſtoit inſolente. Vous voyez donc bien que vous eſtes doublement aggreſſeur, ce qu'eſtant ainſi, vous auez raiſon de vous plaindre qu'on vous traite de Paladin. Vous ne l'eſtes nullement, & ſi vous entendiez ce noble meſtier, dont vous parlez comme vn clerc d'armes, vous ſçauriez qu'ayant eſté prouoqué gratuitement, ce n'eſt pas à vous à me preſcrire la maniere dont ie dois agir, pour tirer raiſon de vos inſultes.

Mais tout cecy n'eſt qu'vne formalité, qui vous ſeroit ayſement pardonnée, ſi vous ne pechiez és choſes plus eſſentielles. Vous me reprochez d'auoir leu les Romans, ce que ie ne deſaduoüe pas, cette lecture eſt plus neceſſaire que vous ne croyez pour le meſtier que vous auez entrepris, & entre les belles connoiſſaces que i'en ay tirées, vous obſeruerez celle cy. Que ces Paladins à qui vous voules tant de mal, ſont toûjours modeſtes, ciuils, courtois, & obligeants au dernier point. S'il eſt queſtion de ſe battre, ils vont au coups comme aux nopces, & ils y frappent en lyons: dans les occaſions furieux comme tigres, & hors de là doux comme demoiſelles, ils ne menacent iamais, ou rarement, mais ils frappent en deſeſperez, ils laiſſent les brauades, aux biſoignes, aux poltrons, aux geants, & aux autres ſemblables coloſſes qu'vne force brutale & deſtituée de côſeil n'a ſceu garentir de leurs mains, quand ils en ſont venus aux priſes.

Ie me deſdis donc Monſieur, vous n'eſtes rien moins que Paladin, vous tenez trop du Rodomont, & du Capitan de la comedie, cela ſe voit en toutes les pages de voſtre liure farcies d'erreurs & de vanitéz inſupportables, la lettre de voſtre petit Officier eſt de ce me meſme ſtyle, ou vous me menacez de me combatre en ſix langues, & enfin voſtre derniere du huiĉᵉ; car ie vous tiens autheur de l'vne & de l'autre, ou parce que vous me voyez

voyez intrepide, vous enflez voftre ftyle, & groffiffez vos trou-
pes du fecours de l'Anglois & de l'Aleman, comme fi les voix
confufes de toutes ces nations eftoiēt capables de me faire peur;
certes Monfieur vous me faictes beaucoup d'honneur, & fi vous
y prenez garde, ce grand appareil de langues dont vous me faite
monftre, ce commerce que vous aues dans toutes les Prouinces,
cette riche Bibliotheque qui eft à la porte de voftre chambre,
cette vaine oftentation de credit & d'amis, tout cela dis-ie paffe-
ra bien plûtoft pour vn adueu de foibleffe & d'impuiffance,
que pour vn argument de valeur, & de generofité quand toutes ces chofes feroient à voftre difpofition dont quelqu'vn pourroit douter, & peut eftre auec raifon.

    Mais fuppofons qu'il foit ainfi, dites-moy ie vous prie, de-
quoy vous feruira tout ce bel equippage, & tout ce grand atti-
rail, fi vous n'auez l'addreffe de vous en ayder? Il eft vray, ie vois
la cuiraffe d'Hercule, mais vous n'eftes qu'vn Pygmee, vous me
montrez les armes d'Achilles, mais il eft aifé à connoiftre qu'elles ne font pas à voftre vfage. Ie vous ay veu dans la lice & i'ay
ry de bon courage de vous voir efcrimer comme l'on dit en voftre claffe, *Andabatarum more*, ou pour me faire mieux entendre en veritable eftourdy. En effect Monfieur c'eft voftre iufte
caractere, & la marque la plus certaine de tous vos ouurages,
voftre liure, vos vers, voftre profe, vos lettres font toutes marquées à ce coin, & iufques à cefte derniere eftudiée trois mois
entiers, ou vous prenez Tubal-Cain, pous Iubal, vn Roy d'Ef-
pagne pour vn Roy d'Aragon, vn Roy de France pour vn Roy
de Sicile, fans mettre en ligne de compte le Roy des Meneftriers
que vous n'auez point veu fur l'eftat de la maifon du Roy, quoy
que vous difiez, ces Animaux n'ont iamais paru en noftre cour, fi
bien en celle du Royaume de Logre du temps du bon Roy Arthus & des Cheualiers de la Table ronde.

    Mais pour retourner à noftre propos, ie riois de vos menaces
& des artifices dont vous vous eftes ferui pour m'intimider, &
cognoiffois bien que vous n'auiez pas enuie de mordre, puifque
vous jappiez de fi loing. Mais ie vous confeffe que i'ay efté extra-

ordinairement surpris quand apres toutes ces ruses, & toutes ces fanfaronades, le bruit d'vne souris, pour ainsi dire, & le branle d'vne feuille vous ont faict transir de peur & tomber les Armes des mains. Et quoy qu'y a t'il donc ? la presse de V. roule & pour cela faloit il tant apprehender ? estes vous de l'humeur de ce Prince qui cherchoit la guerre en temps de paix, & la paix en temps de guerre ? Ne sçauiez vous pas que qui seme du vent, moissonne de l'orage ? He Monsieur, ou est ce courage ? que sont deuenues ces brauades, & ces railleries, certes Monsieur vous me donnez bien de l'aduantage, i'estois en peyne de persuader à mes amis que vous n'estiez qu'vn espouuentail de cheneuiere, ou pour vous traicter plus conformement à vostre humeur hautaine & altiere, qu'vn de ces Dieux de bois qu'on mettoit dans les iardins pour faire peur aux petits oyseaux, & pour me tirer de peyne, vous m'en fournissez vne declaration autentique.

Non, non, ie me flatte, vous ne vous rendez pas si tost, vous proposez seulement vne treue, & vsant d'vne comparaison tirée de l'artillerie, auec laquelle vous symbolisez fort, car à ce que disent les gens du mestier, elle faict tousiours plus de bruit, que d'effect, & plus de peur, que de mal, *Vous me priez de surseoir la grosse batterie. iusques à ce que vos Bouleuards soient mieux fortifiez*, c'est à dire en bon François que vous ayez, en quelque maniere caché, ou reparé vos manquements. Vn Fanfaron insulteroit icy, & profitant de vostre consternation, vous mettroit le pied sur la gorge, il vous despoüilleroit tout nud & feroit voir vôtre turpitude à toute la terre. Mais de ce costé vous n'auez riē à craindre, ie ne suis pas si malin, & quand vous auriez esté cent fois plus brusque, & plus emporté, si vous vous corrigez, comme vous me le faictes esperer, vous estes eschappé. Faictes le donc, ie vous prie, & de la bonne maniere, & ne trauaillés pas tant à reparer les desordres de vostre liure, qui se peuuent guarir auec vn fagot d'vn sol, que vous ne pensiés vn peu à la correction de vos meurs & sur tout de ce fast insuportable, qui est la source fatalle de tous vos maux.

I'ay pris garde entr'-autre chose que vous faictes vanité de
vos

vos voyages ; mais tous les voyageurs ne font pas des Vlyſſes, & aux marchandiſes que vous auez rapportées des pays eſtrangers; on peut dire de vos courſes ſelon la proprieté de noſtre langue, que vous auez beaucoup erré, & fort peu voyagé. Vous vous vantez auſſi d'auoir employé dix ans à la lecture de l'hiſtoire, & c'eſt vne choſe deplorable, que cette longue application ne nous ait produit que des Anachroniſmes, metamorphoſes, & ſuppoſitions perpetuelles de temps, de lieux, & de perſonnes. Choſe fâcheuſe certes à ceux qui vont le chemin ordinaire, & qui trauaillent ſans intereſt, pour l'vtilité publique, honteuſe au contraire, odieuſe & intolerable, en ceux qui ſe piquent de tout ſçauoir, & qui s'ingerent de reformer les deſordres d'au-truy ſans y eſtre appellez.

C'eſt l'aduantage que i'ay ſur vous, Monſieur, eſtant homme, ie ne ſuis pas impeccable, ie reconnois franchement mon infir-mité, & ne fuis point la cenſure de mes fautes ; tant s'en faut, i'auray obligation à qui me redreſſera & à vous meſme, com-me i'ay proteſté à voſtre Libraire auec ordre de vous en dé-fier. Mais vous paſſerez pour ridicule quant on ſçaura que vous auez choppé plus lourdement, & plus frequemment, que ceux à qui vous pretendiez de donner la main, & ce qui eſt digne du dernier meſpris, quand apres vous eſtre erigé en ſouuerain de touts les Heraus, & vous eſtre engagé à la correction des man-quemens de tous ces pauurespetits Diables d'Officiers d'armes, qui ont eſcrit depuis 50. ans, on vous verra reduit à faire la queſte, & vous faire recõmander aux Prônes, pour auoir des memoires & faire des liures aux depens des veilles & trauaux d'autruy, & de ceux là meſme que vous traitez de Copiſtes. Comme ſi ſans cette declaratiõ de voſtre indigence l'on ne ſçauoit pas déja que vous auez raflé ſans iugement tout ce qu'il y auoit de bon & de mauuais dans la Colombiere & ſon Auteur, ie veux dire le M. S. de Grenoble, le P. Monet, Louuan Geliot, & autres, ſans conter nos Origines que vous auez fuſtées, courues & pillées d'vn bout à autre, auec vn ſuccez qui fait pitié à voſtre Lecteur.

Apres cela il y a du plaiſir d'entendre, qu'on vous ait eſcrit,

que i'ay bec & griffes. Ie vous affeure Monfieur, qu'on s'eft
mefpris, & ie feray voir par la fuitte de ce difcoursque ce reproche vous conuient bien mieux qu'à moy : mais en vn autre fens
que vous ne l'entendez. Quoy qu'il en foit, fur cette Chimere
que vous poutriez bien auoir forgée pour me preuenir; vous fabriquez vne refponfe à plaifir. A laquelle ie n'ay autre chofe à
dire, finon que ie defaduoüe tout ce qui vous auroit efté efcrit
à cepropos de quelque part que ce foit : Et fi vous auiez affez de
candeur pour nous decouurir, d'où vous eft venu ce pa-
quet il me feroit ayfé de iuftifier que celuy qui a pris cette com-
miffion, l'a fait de l'abondance du cœur & fans que i'y aye en
rien contribué. Ie n'y vay pas fi finement, dont il m'en eft mef-
arriué & ie me fuis apperceu vn peu trop tard des artifices
d'vn que vous dites auoir efté de mes Amis, & de la malice noire d'vn ieune homme fon Camarade & le voftre, qui me prefen-
ta vn Catalogue des meilleures familles de voftre Ville pour en
auoir mon fentiment, & de là prendre occafion de me calom-
nier,& me rendre odieux à quantité d'honneftes gens que i'honore comme ie dois & autant que ie le dois.

Pour vous Monfieur, vous eftes plus honnefte homme & fi
par le paffé vous auez faict la guerre en *Sinon*, vous paroiffes aujourd'huy en *Diomede* ou pluftoft en *Glaucus*. En effect vous
commences a leuer la tefte. Vous auez donné voftre nom qui eft
gaillard, voftre quartier qui eft fameux, & voftre ruë qui eft
illuftre en toutes manieres. Vous croyez bien pourtant que ie ne
parle pas a bon efcient, & la deffus vous prenes occafion de cri-
minalifer vne raillerie bien plus innocente que les voftres. Mais
en cela vous eftes trop delicat : prenez la peine de voir la refponfe
a voftre libraire & vous trouueres que ie nay voulu dire autre
chofe finon que vous efties nay, *Veruecum in patria craffoque
fub aëre*.

Vous eftes Lyonnois & fçauant, & en cette qualité vous ne
pouuez ignorer ce qu'vn citoyen de Rauenne efcriuoit autre fois
de vos broüillards au docte *Sidonius* voftre compatriote,tant y a
que c'eft a ces Broüillards que ie me prens & non à vous. C'eft a
ces

ces vapeurs qui s'éleuent du sang de tant de bestes tuées en vostre quartier, & a cet air impur & grossier que iay attribué la rudesse de vostre style & la bassesse de vos expressions qui vous sont tellement naturelles, que le commerce & la conuersation de touts ces Doctes qui sont a vostre solde, & la Lecture ie ne dis pas D'HVON DE BOVRDEAVX & D'OBERON ROY DE FAE RIE, Mais de tous les plus belles, pieces du temps, nont peu vous oster l'idiome de la boucherie & le style des Terreaux.

Ie vois bien pourtant que ma simplicité ne me sert de rien. En effect vous releuez ceste parole, & m'oppofez d'abort mon *Esclauitude*, qui n'est pas du bel vsage, au dire de Vaugelas, mais le mal n'est pas si grand, que vous le faictes, & si vous auiez bien estudié les remarques de cet Auteur, qui n'estoit pas nay François, comme vous sçauez, vous auries apris que Malherbe reçoit ce qu'il condamne. Et vous sçauez d'ailleurs, qu'on se gouuerne tout autrement en l'Academie que dans les Tribunaux de la Iustice ordinaire. Icy l'on conte les voix, mais là on les pese, ce qu'estant ainsi, ie n'apprehende point le iugement d'vn estranger quand i'auray de mon costé vn Regniçole de la taille de Malherbe. Et afin que ie vous die franchement ma penfée, i'ay affecté ce terme. Et si ie foumettois de nouueau ma differtation à la cenfure de quelques Iuges plus feueres que le R. P. Iean Columbi, & feu le P. Finé, j'imiterois le Poëte Ouide, lequel en pareil cas se referua certains vers, dont il interdit la connoissance à fes amis, & à fon exemple i'aurois mis mon *Esclauitude* fous vne particuliere fauuegarde, afin qu'aucun ny touchaft.

Mais tous cecy n'est rien. Ie fuis deuenu Colporteur, & vous me faites vne groffe honte d'auoir couru la ruë Merciere pour difpofer, à ce que vous dites, de quelques exemplaires de mon Liure, qui me font reftez, apres en auoir donné à tous les curieux de ma connoiffance, & à quantité de perfonnes de condition de Paris, de Lyon, Grenoble, Valence, & d'ailleurs, fans parler de ceux que vos Confreres m'ont fait l'honneur d'accepter & de m'en remercier. Or à cela i'ay bien des chofes à vous dire: Premieremét, ie n'en ay fait tirer que cinq cents, & n'en voulois

mefme

mefme que trois, marque euidente que ie n'ay pas pretendu
d'eftre gros Marchand. Secondement, les Colporteurs vendent
les œuures d'autruy, & non pas les leurs. Or fi c'eft chofe glorieu-
fe de compofer des bons Liures, il fera toûjours honnefte de les
vendre & debiter en gros ou en détail.

Les P. P. des deferts faifoient des fportes, & paniers, non
feulement pour leur vfage, mais encore pour en vendre, & en
tirer la fubfiftence de leurs maifons. Les Religieux Benedi&ins,
Ciftertiens, Chartreux, & Celeftins difpofent licitement de
tout ce qui fort de leurs fonds, & fans fortir de l'efpece, comme
l'vne de leurs occupations plus ordinaires eftoit de tranfcrire
des liures, il n'eftoit pas inconuenient qu'ils n'e vendiffent auffi.
Mais d'achepter pour reuendre, quand ce feroit en gros, rifquer
& negotier d'efpicerie, de perles, & d'or aux Indes, de caftors, &
de pelleteries de toutes fortes en Canada ; c'eft ce qui n'eft
pas permis à ceux qui afpirent à la perfection. Mais de f'abbaiffer
iufques à vn vil, & chetif negoce, comme d'achepter des drogues, compofer des remedes, mefmes des lauements, ie ne veux
pas dire le refte, c'eft ce qui eft extremement fale, infame & for-
dide, & tellement fale, qu'on ne le croyroit iamais, fi ceux que
vous fcauez nauoient eu procez contre les Apotiquaires de voftre Ville, pour fe maintenir dans ce honteux commerce, Dieu
le permettant ainfi, pour iuftifier le docte, pieux, & genereux
Hipparque, traicté en prophete par ceux qui trouuent hônnefte
tout ce qui eft lucratif, de quelque cofté qu'il vienne.

Ie ne penfe pas Monfieur qu'il fe puiffe rien dire de femblable de noftre negoce. I'ay faict les frays de l'impreffion du liure
dont eft queftion, i'ay faict grauer les planches à mes defpens,
ie n'ay point cherché de Mecenas, pour m'ayder à porter ce far-
deau, & i'ay efté blafmé par vn de vos amis, & des miens, comme ie croys d'auoir donné cet ouurage à vne perfonne plus riche
d'honneur, que de biens de la fortune, ie n'ay point profané
cefte piece par le meflange honteux de Blafons roturiers, pour
le rendre plus vendable, comme ont faict tous les voftres, &
vous comme eux. Si i'ay eu befoin de quelques exemples pour

ap

appuyer mes maximes, ie les ay pris de perſones qui ne m'eſtoiĕt point connües, & fort ſouuĕt de familles eſteintes. Lors que i'ay loüé la vertu, le merite & la nobleſſe de quelques maiſõs eleuées par deſſus le commun, il ne ſe trouuera pas que i'aye pris la botte pour leur aller offrir des preſents captieux & intereſſez. I'ay parlé hautement quant il a eſté queſtion de defendre l'honneur & les loix du Blaſon au hazard de deplaire à des perſonnes de condition eminente ; i'ay blâmé les Comtes de Malpaga de la Caſe Martinengue d'auoir donné la main droite à leur blaſon au preiudice de celuy des COGLIONES, dont le chef eſt *d'azur ſemé de fleurs de Lys d'Or à la bordure de gueules*, quant il eſt biĕ blaſonné. Mais que fais-ie, imprudent que ie ſuis, ie m'enferre ſans y penſer, & apres auoir bleſſé voſtre veüe, par vn obiect immodeſte, ie me mets au hazard d'offenſer vos chaſtes oreilles d'vn recit licĕtieux. Il n'importe il faut tout dire, vous m'y contraignez. C'eſt icy que i'ay commis ce grand & enorme crime dont ie ſuis accuſé & qui me reſte à purger.

Il eſt yray que ce Blaſon des COGLIONES originaires de Bergame, & non de Veniſe comme vous auez dit ) eſt vn peu eſtrange. Il eſt *couppé d'argent & de gueules à trois paires de Teſticuls de l'vn en l'autre*, en quoy pourtant ie connois bien que ie ne ſerois pas beaucoup criminel de l'auoir expoſé aux yeux de mon Lecteur, s'il auoit eſté burinè par vne perſonne du ſexe, puis qu'il eſt public & commun à Veniſe & à Bergame, & meſme dans les lieux *les plus Saincts*. Mais ces figures ayans eſté grauées, & comme vous auez voulu dire, deſſignées par vne fille, ce qui eſt tresfaux pour ce chef. Vous adioûtez que les impudents font icy vne queſtion atroce, & demandent ſur quel modelle ce blaſon deshonneſte auroit eſté deſſiné? Certes, Monſieur, il faut auoir bien de l'impudence & de la malice pour faire cette queſtion. Mais auparauant que d'y repondre, ie vous ſupplie de vous ſouuenir de ce principe de voſtre profeſſion. Que les choſes atroces, ſont de difficile creance, & ainſi la prudence vous obligeant d'auerer le crime auparauant que l'exagerer, Qui ne voit, que ce pretendu reproche, & cette inſolente queſtion, ne peut eſtre

C

autre chofe qu'vne vapeur peftilente qui s'eft éleuée de la fenti-
ne d'vn cœur corrompu, & peut-eftre du voftre ? Inhumain que
vous eftes, qui ne craignez point de perdre l'honneur d'vne
fille pour venger vos paffions, l'impudence & la malice vous ont
elles fafciné le iugement à ce poinct, de croire qu'on ne puiffe
tirer ces figures, que fur le modelle honteux de voftre imagi-
natió? Au fonds qui vous a dit, que ces parties foiét pluftoft d'vn
hõme que d'vn lion, ou de queque autre animal? Mais ie veux que
ce foit ce que voftre malice vous fuggere, dont ie n'ay pourtant
aucune certitude. L'Oracle facré nous apprend, que Dieu a creé
l'homme droit. Il a veu fes œuures, & il a trouué qu'elles eftoient
toutes tres-bonnes, que s'il fi rencontre quelque chofe d'obfce-
ne, il ne procede que du defordre de nos paffions. *Omnia*, dit le
veritablement grand Caffiodore parlant de ces parties: *Præconia-*
*lia creata funt fi peccatis pollentibus non redderentur obfcena.*
Ce qu'eftant ainfi, permettez moy à mon tour de vous pro-
pofer vne queftion, qui fut autrefois faite à nos premier Parents;
dites-moy vn peu, Monfieur, qui faites tant le delicat, qui vous
auroit apris la deshonnefteté, & la vergongne de ces figures, fi
vous n'auiez tâté du fruict defendu?

Monfieur, mon cher Amy, ie fçay plus de vos nouuelles que
vous ne croyez. Vous parlez beaucoup, comme fçauent tous
ceux qui ont l'honneur de vous connoiftre. Ie n'ay point encore
peu apprendre ce que vous eftes iufques à prefent; mais vous
auez dit à quelqu'vn, qui ne vous a pas efte' fidele, que vous n'e-
ftiez point engagé aux Ordres facrez, & ainfi il y a lieu de crain-
dre qu'il ne vous en prenne comme à ces ieunes vefves, dont
parle S. Paul: *Quæ cũ luxuriata fuerint in Chrifto, nubere volunt.*

Au refte ie veux croire tout ce que vous nous dites de ces il-
luftres Canonniers, dont vous tirez voftre origine, & de qui vous
auez apris cette eloquence foudroyante, & cette valeur qui pour
vfer de vos termes ne *s'explique iamais mieux que par la bouche*
*des Canons,* Si eft-ce pourtant, que vous eftes Meneftrier, & de
quelque cofté que vous foyez iffu de Ptolomée le flufteur, d'O-
lympe ou de Marfyas; il eft certain, que vous aymez la jonglerie,

&

& ne hayſſez pas la danſe. De la jonglerie vne autrefois, diſons vn mot de la danſe, qui n'eſt pas ſi fort éloignée de voſtre profeſſion, qu'il ne ſe ſoit trouué des cahiers pour les Eſtats dernierement conuoquez, tendants à vous obliger à ioindre à vos exercices la Danſe & le Manege.

Il neſt pas neceſſaire de vous dire de qui ie tiens cette nouuelle. Mais ſi les eſtats euſſent eu lieu & que cette propoſition eut eſté appuyée, ie ſuis certain que vous n'y auriez pas apporté de reſiſtence. Vous eſtes ſçauant curieux & amateur de l'antiquité ce qui me fait croire qu'outre les danſes communes du païs & des autres prouinces de noſtre France, vous auriez ramené & accommodé à noſtre vſage toutes celles des Anciens. l'ὄρμος des Laconiés a noſtre dance en rond, la TERMASTRIDE à nos courantes, la danſe des Grues, quils appelloient, à la VOLTE, la PYRRICHIENNE, ànos Boutades. Vous n'auriez pas oublié les trois danſes des Bachanalles qu'on pouroit ajuſter a nos Ballets, L'EVMELIE qui eſtoit graue, diſcrere & ſerieuſe, eut eſté bonne pour les perſonnes d'vn âge meur:la SICINE c'eſtoit la ſatyrique vous auroit agrée car vous aymez la ſatyre. Mais la CORDACE valoit mieux que tout cela. Elle eſtoit gaillarde follaſtre, laſciue, & fort conuenable a voſtre humeur enjouée ; Celle là certes eut eſté toute pour vous & quoy que vous diſies de voſtre caractere, vous auez toute la mine d'y bien reuſſir, ſi vne fois vous vous y appliquez. Vous eſtes jeune, grand, fort, robuſte, & quarré, vous eſtes plaiſant, aggreable & facetieux:apres quoy ie ne meſtône pas ſi vous auez des penſeés qui ſentent le Caualier, & ſi le bruiᶜt a couru que vous deuiez bien toſt ſuiure cette vollée deſprits ſublimes, qui nont peu s'aſujettir aux Maximes trop ſeueres de la compaignie que vous ſçauez.

Mais changeons de propos & parlons de choſe qui vous ſoit plus aggreable. Vous m'appellez aux combat & c'eſt vne plaiſante hiſtoire que celuy qui n'agueres s'offençoit deſtre traité de Paladin, contrefaſſe auiourdhuy le DOM QVIXOTE ou le Cheuallier errant & cherchant les auentures. En vn mot vous m'inuitez à toucher vos eſcuts ce que ie n'entens pas bien, car n'eſtât

pas

pas Gentil-homme vous vsurpez vn meſtier qui ne vous eſt pas
ſeant. I'ay bien pris garde que vous vous ventez de vos Majeurs
annoblis qui eſt déja vne mauuaiſe affaire, *Quem enim indul-*
*gentia principis liberat, notat.* Et ce qu'il y a de plus faſcheux eſt
que cet anobliſſement eſt emané d'vn Duc de Bourgoigne que
vous qualifiez ſouuerain de ces Anoblis. Et en cela vous errez
doublement. Car côme il n'y a qu'vn ſouuerain en France, a parler proprement, auſſi n'y t'a il que ce ſouuerain, qui eſt le Roy,
qui puiſſe Anoblir ſuiuant les Arreſts des Cours ſouueraines.

Mais quand le Duc de Bourgongne auroit eu ce droiſt par
conceſſion de nos Roys ou autrement, vous auez degeneré, &
partant vous voylà reduit à la Cartouche par vos propres loix, &
à la marque des Marchands par l'Ordonnance. Et ne deuez porter Eſcuts ny Armoiries. Que ſi par tolerance on vous permet
l'vſage de celles de vos annoblis, comme elles ſont déja ridicu-
les & tres dignes de voſtre Chapitre des REBVS DE PICARDIE,
vous les accompagnerez de meſme. Vous tymbrerez de la baſſine du bon homme, ou ſi bon vous ſemble du mortier a broyer
les eſpices. Si de la Baſſine, vn bras armé tenant la culliere
a ietter ; ſi du mortier, le meſme bras brandiſſant le pilon ou
le piſton comme on parle en voſtre ruë, ſeruira de Cimier.
Pour lambrequins vne douzaine de flambeaux peris en queüe
de Paon faiſant la roüe. Ie ne dis rien du volet, ny des Ordres
de Cheuallerie qui ſe trouueront aiſément dans la boutique
ſans aller plus loin. Pour cry de guerre, *Reſpice finem*, ſans
proüe & ſans poupe Et ainſi adoubé, ie vous verray volontiers
& ne vous craindray guieres. Car comme ie vous ay déja dit;
outre que vous eſtes nouueau au meſtier des armes, & aſſés mal-
ladroit vous eſtes eſtourdy, comme vn hanneton.

Vous brauez pourtant, & comme ſi vous eſtiez auſſi aſſeuré
de vos coups que le fameux MAROLLES, vous dites que vous
m'attaquerez d'abord par la *Cotte d'Armes*, & que vous mon-
trerez que nos Armoiries n'en ont pas eſté tirées, ie ne ſçay pas
ce que vous ferez, mais ie ne crains pas ce coup. Certes ſi vous
n'eſtiez ſi bruſque, vous auriez obſerué, que ie ne dis pas, que

nos

nos Armoiries doiuent leur origine à la *Cotte d'Armes*:Mais que
les couleurs,metaux & pennes & quelqu'vnes de nos figures Armoriales , inconnuës aux Anciens , ont esté tirées des habits de
nos Peres; que de là toutes ces choses ont passé aux Escuts, & à
la Cotte d'Armes, laquelle en particulier és derniers temps est
deuenuë vne des principales Enseignes de nostre Noblesse, comme i'ay prouué par diuers exemples, & en fin c'est à dire, depuis
cent cinquante ans l'vnique , en tant qu'elle en a fait le suiet de
ses deuises ou emprises Amoureuses & Militaires, qui ont suc-
cedé aux Armoiries , comme les Cottes aux Escuts. Apres cela
c'est en vain que vous inuoquez le secours de Monsieur de Boissieu. Ce rare esprit a esté edifié sur ce suiect par moy-mesme
estant à Grenoble : & depuis par la voye du P. B. qui m'a fait
vne partie des questions que vous remettez auiourd'huy sur le
tapis , & que ie tâcheray de resoudre auec vous, à la charge que
vous en ferez vn meilleur vsage que par le passé.

Ie commence par le terme GVEVLES,qui a tant donné d'exercice à tous les curieux , & dautant que vous m'opposez d'abord
l'authorité de mondit Sieur de Boissieu, ie me seruiray des mesmes Armes auec sa permission, & produiray vne de ses lettres du
4. May, 1658. où il me dit en termes exprès : *Vous auez merueil-*
*leusement bien rencontré en l'Etymologie du terme, Gueules, estant*
*fort vray semblable , qu'il est deriué du Latin Conchilium , ie fais*
*le mesme iugement de sable , &c.* qu'estant ainsi , il y a bien de
l'apparence que vous imposez à cet illustre personnage, dont les
mœurs sont trop sinceres, & le iugement trop solide, pour estre
capable d'inconstance, ou de duplicité.

Ie reuiens pourtant de cette opinion , si on m'en donne vne
meilleure,& ie la receuray tres volontiers; pourueu que i'y voye
du iour , de quelle part qu'elle vienne , quant ce seroit de la ruë
de la Lanterne. C'est de ce costé & à la faueur de ces lumieres
que ie decouure vostre GHIVL,diction Turque, qui semble estre
plus proche de nostre GVEVLES, que le Latin *Conchilium* , mais
la signification en est bien plus esloignée. Et ie vous supplie de
vous souuenir de ce que i'ay dit à vn de vos Amis, qui ne vous

D

l'aura pas diſſimulé, qu'il faut chercher les Etymologies de proche en proche, du François au Latin, du Latin au Grec, du Grec à l'Hebreu, ſinon qu'il y a toûiours beaucoup de danger de ſauter d'vne extremité à l'autre, ſans paſſer par le milieu. En effet il ſemble que vous ne ſoyez pas pleinement ſatisfait de cette origine, puis que vous en cherchez vne autre dans les playes des bleſſez, comme ſi toutes les playes eſtoient neceſſairement rouges, ce qui n'eſt pas veritable; car vous en reconnoiſſez de blanches, telles que ſont celles de l'Eſcu de Comminges, comme nous verrons cy-apres. Et partant ie ne vois pas qu'on puiſſe aſſeoir vn iugement bien ſolide ſur des raiſonnemens ſi variables & inconſtants.

Vous allez ainſi ſautant de branche en branche, & ne trouuez rien où vous puiſſiez vous arreſter. Ce qui m'oblige de vous dire mon dernier mot à tous hazards, qui eſt, que ce terme doit eſtre expliqué, par les lieux citez des Epiſtres de ſainct Bernard à Henry A. de Sens, & à Foulque Archidiacre de Langres, outre leſquels i'en ay vn troiſiéme, qui explique les deux premiers, & nous enſeigne ſi nettement la couleur & l'vſage des Fourrures, qu'on appelloit Gueules, qu'il ne faut plus douter que nos Herauts par Cabale, n'ayent donné ce nom à la couleur rouge, à cauſe du rapport qu'elle auoit auec ces Fourrures, leſquelles nos anciens ont nommées Gueules par Metonymie, parce que les ouuertures ou gueules du collet & des manches de pourpoint ou tuniques, du temps de ſainct Bernard eſtoient bordées, parées, & ornées de ces fourrures rouges, qu'il appelle gueules, comme les Dames encor aujourd'huy appellent certains bouts de manches des Poignets, pour cela ſeulement, qu'ils ſe mettent au poignet. Les Herauts en ont vſé de meſme pour le Sable, & le Sinople, quoy qu'aſſez malheureuſement pour ce dernier. Et ie ſuis contraint d'aduoüer, que de ce coſté ils ont voulu faire myſtere de leur meſtier. Ce qui n'eſt pas bien ancien, puis qu'on vſoit encor de vermeil pour Gueules, de noir pour Sable, & de vert pour Sinople, du temps de Froiſſart.

Voyla

Voylà, Monsieur, ma derniere penſée, que i'eſtendray quelque iour plus au long. Que ſi elle ne vous contente, peut-eſtre trouucray-ie quelque Lecteur plus fauorable. Et i'oſe dire, que ſi la poſterité me fait iuſtice, elle m'aura obligation de luy auoir le premier rompu la glace pour arriuer à la connoiſſance de ces termes difficiles auſquels conſiſte toute la beauté de l'Art Heraldique. Excuſez, Monſieur, cette brauour ; c'eſt de vous que ie la tiens ; car comme dit Clement Alexandrin, Ὡς δ᾿ ἴνα προσήκη τις ἰοχο- μάχῳ γεωργὸν αὐτὸν ποιήσει…. Κ᾿ ἂν Κροτύλῳ ὀψόπσιὸν…. Κ᾿ ἂν Ἀρχιλάῳ ὀρχηστὴν & le reſte, ainſi Monſieur, en liſant vos eſcrits, i'ay apris à me vanter & à me faire valoir. Quoy qu'il en ſoit Pierre de ſainct Iulien s'eſtoit rebuté d'abord, comme i'ay dit ailleurs. Fauchet promettoit beaucoup, & il n'y auoit perſonne de ſon temps, qui fuſt plus capable de nous apprendre ce ſecret, s'il s'y fuſt employé à bon eſcient. Le tiltre du Liure de Louuan Geliot me donna bien de la joye, & ie croyois d'y trouuer ce que ie cherche encore. Hauteſerre à pluſtoſt veu ce que c'eſt que Gueules, Sable, & Sinople, qu'il ne l'a expliqué. Le reſte eſt demeuré là, & ie crois y auoir apporté quelque lumiere, que vous auez voulu eſtouffer par vn eſprit de jalouſie aſſez indigne d'vne perſonne de voſtre profeſſion. Si toutesfois vous voulez dire la verité, il ſe trouuera que vous liſez en ſecret, comme diſoit ſainct Hieroſme apres Horace, ce que vous blâmez & condamnez en public.

Voſtre ingenieux Amy, vous en auoit montré le chemin, & c'eſt vne choſe plaiſante qu'apres auoir veu mes origines manuſcrites dés le mois de Feurier mil ſix cents cinquante-ſept, il ait eſté chercher les notes ſur Villeharduin, imprimées ſeulement l'année ſuiuante, pour nous apprendre l'Etymologie de l'Hermine, que ie luy auois expliquée de viue voix, & par eſcrit, par les meſmes authoritez que vous auez citées, & Dieu ſçait d'où vous les auez priſes, par vn paſſage de la Chronique de Flandres & l'Analogie de l'Italien Armelino. A quoy ie pouuois adiouſter quantité d'autres paſſages Latins des Eſcriuains, qu'on appelle *medij temporis*.

C'eſt

Ceft de l'Auteur de ces notes que voftre Amy croit auoir apris l'origine de noftre Sable Armorial quil tire de la ville qu'on appelle aujourd'huy ZIBELLETTO, ceft le GIBLET ou GIBLOT, de nos Peres & la BYBLOS, des anciens Geographes. Et en cela il eft euident que l'vn & l'autre s'eft mefpris. I'en ay donné la veritable Etymologie dans nos origines ou vous auez veu que le *Sable*, eft vn Animal qu'on appelle *Martre*, en France & *Zable ou Sable* en Alemaigne, & en Ruffie dont la peau eft tres-noire. Ie vous en veux donner deux Autoritez pour l'vn & pour l'autre outres celles que iay apportées. La premiere eft D'ALBERT d'Aix qui eft tres-belle. Il defcrit l'entreueüe de l'Empereur de Conftantinoble & de Godefroy de Buillon, en ces termes, *Imperator autem tam magnifico Duce vifo eiufque fequacibus in fplendore & ornatu pretiofarum pellium, tam ex oftro quàm auriphrigio, & in niueo opere Armellino & ex* Mardrino *grifeoque & vario, quibus Gallorum Principes præcipue vtuntur.* La feconde eft de Roger de Houdam, Anglois, qui dit que l'Euefque de Lincolne deuoit annuellement au Roy d'Angleterre, *Pallium Sabellinis pelliculatum :* id eft, fourré de Sable. Or cette fourrure eftant noire par excellence comme a obferué la Marche, les Heraus par caballe en ont emprunté le nom, quils ont donné a la couleur noire. Comme ils ont pris le gueulles, quils ont donné au rouge, des fourrures vermeilles dont les poignets & collets de pourpoints antiques eftoient parez & ornez.

Voyla Monfieur l'origine indubitable du terme Sable vfité en Armoiries & fa veritable fignification, car pour le M. S. de Grenoble qui vous a perfuadé que c'eftoit vne efpece de Sablon ou pouffiere noire, ie n'en peux dire autre chofe finon qu'il vous à ietté de la poudre aux yeux auec fon HERMINE POVDRE'E DE SABLE. Mais de quel Sable ? de celuy de l'Amphitheatre teint du fang des Gladiateurs ? Certes vous n'y penfez pas. Car quand le fang feroit noir de foy, ce qui n'eft pas ( côme vous apprendrez mieux des Medecins que des Poëtes) il eft euident que le Sable enfanglanté feroit pluftoft noirci que noir. Le Pere Monet

ne ra esté plus fin que vous. Il s'est auisé d'vn certain Sable naturellement noir qui est trefpropre pour fourbir les Armes. Mais
ce grand Homme n'a pas pris garde que le Sablon d'Eftampes
est auffi blanc que nege qui ne laiffe pas neantmoins d'auoir la
mefme proprieté auffi bien que cét autre que ie nay point encore veu.

La fuite de ce difcours m'oblige de dire vn mot de l'Hermine
Armoiriale, laquelle vous baftiffez felon voftre caprice, & vous y
attachez auec tant de violéce que vous ne feignezpoint de cor-
rompre les Liures pour les accommoder a vos fentimens. C'eft
ce que iay remarqué au fuiet de la moucheture de cette fourrure
Royale d'hermine que vous pretédés eftre faite de l'extremité de
la queüe de ces petits animaux. Mais parce que cette doctrine ne
s'accorde pas auec le Ceremonial de Fráce, où nous lifons, qu'au
Sacre de Henry II. l'efchaffaut des Ambaffadeurs eftoit paré
d'Hermines de velours noir fur toile d'argent, vous ne faites
point fcrupule de dire, qu'en cette occafion à faute d'Hermines, on en fit auec de la toile d'argent, & des mouchetures
de velours noir, comme fi vne fimple moucheture eftoit la
mefme chofe qu'vne Hermine entiere. Or en cela vous auez
tort, vous n'auiez qu'à lire ce Liure que vous auez cité fans l'a-
uoir veu, ce qui vous arriue affez fouuent, & fans luy faire violence vous y auriez trouué de l'Hermine mouchetée, comme
vous l'entendez. Soit qu'elle fe faffe du bout de la queüe de ces
petites beftes, ou de quelques floccons d'aigneaux d'Italie,
eftouffez à leur naiffance, comme on a dit au P. de Varennes. Ie
ne reiette pas mefme cette opinion pour les habits, ce que ie vous
prie d'obferuer : car pour les Armes, les Herauts y ont eternellement reprefenté des Hermines entieres, au lieu des floccons &
mouchetures, que vous y voulez introduire de haute lutte. Les
Auteurs auffi s'accordent auec les Herauts. Et il faut eftre bien
aheurté, pour dire le contraire, côme vous faites en l'Art, pretédu
veritable, Page 96. où vous tranchez net, que tous les Ecriuains,
nomment ces mouchetures des queües d'hermines. N'allez pas fi
vifte, ie vous prie, & vous verrez d'abord que le P. Monet n'eft

pas de voſtre aduis. Vous le citez en la page nonãte-trois,& vous ne vous eſtes pas ſouuenu , qu'il a dit , que vos mouchetures eſtoient des croiſettes au pied longuet & patté. Le P. Binet ſous le nom de René François parle plus clairement. Les Ducs de Bretaigne à ce qu'il dit, portent d'argent ſemé d'Hermines de ſable. Le Sieur D'Hozier, Cat. des Ch. du ſainct Eſprit de la derniere creation. Monſieur de la Meſleraye, porte de Gueules au croiſſant d'argent , chargé de cinq hermines de ſable. Monſieur du Cheſne hiſtoire des Ducs de Borgongue de la premiere branche. Les Seigneurs de Sombernon Cadets de Montaigu chargerent le canton d'argent de leurs aiſnez d'vne engreſlure & de cinq Hermines de ſable, peries en ſautoir. Cæſar de noſtre Dame Hiſt. de Pro. partie 8. M. Paul Huraut. A. d'Aix portoit de Huraut , briſé ſur le ſommet de la croix d'vne Hermine. Il ne dit point de quelle couleur, ce qui ne nous eſt pas neceſſaire. Et pour vous cõuaincre, que cette opinion eſt la cõmune, & que la voſtre au contraire eſt cerebrine, extrauagante & particuliere au moins en Armes; c'eſt que celuy de qui vous la tenez, reconnoiſt que pluſieurs de nos Anceſtres ſe ſont figurez que les mouchetures noires de l'Hermine eſtoient la figure de la peau de cette petite beſte , & qu'ils nous les ont peintes auec vne maniere de petite teſte , de quatre pieds & vne queüe.

Apres cela vous voyez bien , de quel poids peuuent eſtre les raiſons que vous apportez contre noſtre opinion , auſquelles neantmoins ie ne laiſſeray de reſpondre. Premieremẽt, vous dites que ſi ces mouchetures eſtoient des Hermines, on ne les verroit pas ſi petites Mauuaiſe raiſõ ne vous en deplaiſe, mettez-les plus au large, & vous les aurez plus grandes. Cependant il ſuffit qu'elles repreſentent ce qu'elles ſont, ce qui ſe peut auſſi bien faire en petit, comme en vn plus grand eſpace. Ainſi vn Sculpteur graua vn Geant ſur vne table de diamant de la largeur d'vn ongle; & l'hiſtoire nous apprend, que l'art auoit ſi bien imité la nature, que ce Coloſſe tout abregé qu'il eſtoit , paroiſſoit auſſi grand & auſſi terrible à l'œil, comme s'il euſt eû toutes ſes dimenſions. Secondement vous dites, qu'il y en auroit d'autre couleur que

de noire, vous croyez donc, qu'il n'y en ait point. C'eſt ce qui
vous trompe, & outre celles que vous deuez auoir veües dans
la compilation des Auteurs Anglois, & ailleurs. Ie vous apprends, que le Sieur de Baëce Gentilhomme de nom & d'armes, dans le Dauphiné, porte de gueules à cinq hermines
d'or 3. & 2.

Vous dites auſſi, qu'on eut deu pluſtoſt mettre l'Hermine
blanche ſur le noir, & luy conſeruer ſa forme naturelle (vous
vouliez dire ſa couleur) que de la teindre ainſi. Vous en eſcrirez
aux fourreurs de Paris, ſi bon vous ſemble. Ce pendant ie vous
diray que toute la grace de cette fourrure conſiſtant en ſon
extreme blancheur, on s'eſt auiſé de la rendre encore plus blanche par l'oppoſition de ſon contraire. Ce qui s'eſt fait en deux
manieres; La premiere & plus ancienne, en inſerant quelques
peaux entieres de ce petit animal teintes en noir, & rangées
*In quincuncem*, comme nous voyons dans toutes les Armories
de France, d'Angleterre, d'Eſpagne, d'Italie, & dans les habits des anciens, dont i'ay quelques exemples dans vne Genealogie des Comtes de Valentinois, en Tableaux, ou ie remarque
vn Iean de Poictiers Sieur de Cheurieres, Brianſon &c. Fils
de Louys & de Politiane Rouſſe ſa ſeconde Femme, veſtu d'vn
manteau a manches fourré d'Hermines a l'Antique & comme
on les repreſente en Armes; l'autre eſt d'vn de ſes nepueux Fils
de ſon frere Antoine, que Monſieur du Cheſne n'a point connu,
veſtu d'vn manteau d'Ecarlatte, dont le collet & les parements
ſont fourrez d'Hermines de la meſme maniere. La ſeconde façon de rehauſſer l'Hermine qui eſt aujourd'huy vſitée, a eſté de
la moucheter de petits floccons de fourrure noire, ce qui n'a
commencé que bien tard & enuiron le temps de Henry II. auquel l'ancienne mode n'eſtoit pas encore abolie comme il ſe collige du ceremonial, ou ie vois deux ſortes d'Hermines, l'vne
contrefaite ſemée d'Hermines de Velours noir, & l'autre naturelle qu'on qualifie mouchettée pour la diſtinguer de l'ancienne qui ſeſeroit tout a fait perduë, ſi la memoire ne s'en eſtoit
conſeruée par le moyen des Armoiries. Voſtre opiniaſtreté m'a

con

contraint de vous repeter icy ce que i'auois escrit ailleurs, où ie peux dire sans vanité qu'il n'y auoit rien à adjouter.

Voyons si vous serez plus iuste en l'explication des O T E L- L E S. Vous dites que ce sont des playes, mais qui ne sont pas rouges comme celles de tantost, celles cy sont blanches sur vne chair rouge, & vous les deriuez du Grec, *ουλη* vulnus ce qui est si extrauagant quil faut auoir le teste & l'imaginatiõ blessée, pour estre capable d'vne semblable resuerie. Le P. B. m'escriuoit ces iours passez que c'estoient des aureilles du Grec *ους*. Le sieur Finé dit que ce sont des Amandes. De raison ie en vois point. En effect les Amandes s'appellent *maínles* au pays de Commingeois comme par tout le Languedoc, Prouence, & Dauphiné, d'O- telles on ne sçait que c'est. De maniere que ie me tiens a ce que i'en ay dit, en attendant quelque chose de meillieur. Or si c'estoit vn mot corrompu, & qu'on eut dit Otelle pour Etelle, Il viendroit de *Hastula* Etelle ou Atelle, *vnde* Atteler vn bras rompu. Il signifie aussi vn esclat de Lance, comme dans l'histoire sainte de l'Abbé Guibert, *Fraxinos longas hostilis excipit vmbo, & magnis impacta viribus in hastulas minutantur.*

D E S O T E L L E S ie viens au P A I R L E, & suis bien deplaisant que Monsieur de B. soit auiourd'huy degousté de nostre conie- iecture; il ne m'a pas tesmoigné pourtant qu'il la reiettât entie- rement, seulement m'a-t'il signifié, qu'il en auoit vne autre fort raisonnable; mais il ne m'a pas iugé digne de son se- cret. Le P. B. que i'ay soupçonné d'estre l'Echo dudit Sieur de B. m'escriuoit ces iours passez, qu'il venoit de P E R V- I A besace que l'on passoit au col, comme sont celles de ceux qui vont porter l'eau beniste par les maisons, ce qui seroit fort honneste, & fort seant a nostre Noblesse. Que sera-ce donc vostre *Parilis* ? ie ne le croys pas, & i'estimerois ledit Sieur de B. bien complaisant, s'il souscriuoit à cette opinion. Mais quoy que ce soit, i'ay cette consolation, qu'en voulant destruire la mienne, vous l'auez affermie par l'autorité de cét Escriuain Anonyme, qui a dit de nostre Figure, que ce deuoit estre le *Pal- lium* d'vn Archeuesque. *Antistitis sacris operantis Pallium.*

Vous

Vous ne vous rendez pas pourtant à cét Oracle, & souftenez que le PAIRLE ne peut eftre vn *Pallium* Archiepifcopal, d'autant que celuy de l'Eglife de Kent ( vous vouliez dire, de Cantorbery ) a le pied fiché, & armé de fer. Comme fi c'eftoit vne neceffité que tous les autres fuffent de mefme. La confequence n'en vaut rien. Car en premier lieu, il y a bien de l'apparence, que celuy des Archeuefques de Naples, n'eftoit pas femblable. André Caftalde, Preftre regulier de cette Ville nous l'a reprefenté fur la planche de fon Ceremonial, armé par en bas d'vne platine pointuë, terminée d'vn bouton, en façon de bouterolle d'efpée. Celuy de Monfieur de Lyon a les pendants reueftus par en bas d'vne platine de plomb, couuerte de taffetas noir vn peu arrondie, de telle forte pourtant qu'elle eft plus quarrée que ronde : celuy de Tholofe eft fort femblable. Que s'il faut adioufter quelque foy aux eftampes, il fe trouuera que le *Pallium* de fainct Norbert Archeuefque de Magdebourg eft couppé quarrément, fans apparence d'auoir iamais eu platine. En quoy il fe trouue abfolument conforme à celuy de fainct Ambroife, que ie vois dans le fceau de fainct Charles Borromée, affis au milieu des faincts Martyrs Geruais, & Protais, reueftu de fon *Pallium*, couppé tout net par la pointe pendante fur l'eftomach. Et comme ce *Pallium* eft fur fa chafuble croifée deuant & derriere à l'antique, il reffemble aucunement à celuy de Vonvvil, que le graueur ayant tiré fur vne pareille chafuble, il fe pourroit bien faire, qu'il euft confondu le trauerfier de la croix auec le pendant du *Pallium*, ce qui foit dit en paffant, & pour enquerir.

Que fi tout cela ne vous fatisfait, fçachez auffi, qu'il ne fuffit pas de dire brufquement, que le terme *Pairle*, vient de *Parilis*; car d'vn cofté ce terme Parilis eft vn adiectif, qui demande ie ne fçay quel appuy, que vous ne luy donnez point, que fi vous foufentendez le fubftantif, *Figure*, par exemple, vous deuiez nous apprendre l'vfage de cette figure, l'accommoder à fa fignification, & la determiner à quelque chofe de certain, finon nous aurons bien plus d'vn *Pairle* en Armoiries. En vn mot, ie vous

F

souſtiens que le *Pallium*, & le Scapulaire ne peuuent eſtre appellez *Pairles* de cette pretenduë égalité de parties, qu'ils n'ont
point. Vous verrez les modernes, ſi bon vous ſemble, & trouuerez qu'ils ne peuuent eſtre eſgaux, & des bien anciens, ſi vous
auez dans voſtre bibliotheque les Homelies du P. Coton, imprimées à Paris, chez Sebaſtien Huré, vous verrez que les pendants du *Pallium* de ſainct Denys, qu'il a fait tirer ſur la planche
de ſon liure, luy deſcendent par deuant iuſques au milieu des
iambes, & partant il faut que le *Pairle* ſoit venu d'ailleurs que
de cette pretenduë parilité qu'il n'a point en effet.

Vous me faites auſſi querelle pour le GOVSSET, dont i'ay pluſtoſt expliqué l'vſage que l'etymologie, laquelle ie n'ay fait
qu'effleurer. En effet, ſi le GOVSSET vient de *Gouſſe*, il faloit
donner l'etymologie de ce dernier terme, dont ie n'ay rien dit,
parce que ie ne croyois pas qu'il fuſt neceſſaire. Que ſi ie voulois
me donner carriere, comme vous faites aſſez ſouuent, ie le ti-
rerois du Latin *Siliqua*, en tranſpoſant quelques lettres, & vous
prouuerois la iuſteſſe de cette origine par vn nombre infiny de
termes formez en cette maniere de l'Hebreu en Grec, du Grec
en Latin, du Latin en François, Italien, & Eſpagnol, &c. vous
trouueriez peut eſtre cette entrepriſe hardie. Mais les voſtres
ſont bien plus releuées. Vous ne changez pas ſeulement les
noms des choſes.

Voſtre puiſſance s'eſtend iuſques ſur les natures, que
vous metamorphoſez comme bon vous ſemble. Ainſi vous tirez
le Synople qui eſt rouge par tout, ſinon en Armes, du Grec
πράσινος, & du Latin *Gulioca*, *quæ ſunt viridia nucum putamina*,
noſtre rouge, ou Gueules, apres quoy il n'y a plus rien qui ne
ſoit faiſable. Ailleurs vous tirez encore le Synople de deux termes Grecs, κυανέα ἴαλα, ce qui eſt fort iudicieux. Mais que dites
vous de voſtre Amy, le P. B. qui le tire de l'Alleman *Schil de
grund*? à voſtre aduis eſt il pas gaillard?

Le Lecteur en iugera, & cependant nous examinerons l'etymologie de la TRANGLE terme barbare & inuſité en Armes deuant la Colombiere, qui l'a tiré du M. S. de Grenoble, dont ie

diray

diray mon sentiment ailleurs. Or comme ce terme est fort Prouincial, s'il n'est Barbare tout a fait, aussi l'ay-ie tiré du Latin barbare *Tharinca*, ce qui ne plaist pas à Môsieur de Boissieu à ce que vous dites. Que si la lettre que vous alleguez n'est supposée, ie prie ce grand hôme de me permettre d'appeller de sa sentence à luy-mesme, & à ce glorieux cercle de doctes qui l'enuironneht, & le considerent comme le Sceuole de cette sçauante Ville. Et si ie suis condamné, ie baisseray la teste, & prendray patience. Mais quoy qu'il arriue, ie ne pense pas que vous persuadiez à ces Aigles, que la TRANGLE vienne de *Regula*, que vous ne disiez côment & pourquoy. I'entends bien pourtant, que vous alleguez Vitruue, & ne doute point, que cét Ancien n'ait souuent parlé de Regle & de Compas. Mais il faloit vn peu mieux circonstancier cette authorité, nous marquer le lieu dont vous vous voulsez vous seruir, apporter quelque Analogies de *Trangle*, au Latin *Regula*, les appuyer de l'vsage des Escriuains François, Romans, ou autres, à faute de quoy ie vous baise les mains.

Ie reuiés a vostre lettre ou vous me menassés de refuter ce que i'ay dit du PERI EN SAVTOIR DV DIASPRE DE L'ESSONIER PAMPELLONNE, DE LA BANDE, DV L'AMBEAV, &c. Et ie connois a vostre mine qu'au lieu de me refuter vous vous attirerés bien de la côfusion, & puis c'est tout Qu'auez vous dôc à dire du *Diaspré*, ce qu'vn de vos confidens m'en a escrit sans doute, qu'il ne vient pas du Latin, *Dispar*, mis de l'Italien, *Diaspro*. Mais si ce *Diaspro* venoit de *Dispar*, comme il est fort vraisemblable que diriez vous ? Certes ie pense l'auoir prouué a celuy dont nous parlons, mais d'autant que cecy n'est pas plublic ie suis content de le repeter icy pour la satis-faction des curieux, & de Monsieur de B. entre autre qui m'a fait céste objection. Ie luy disois que comme toutes les pierreries tirent leurs noms de certaines qualités & proprietés naturelles, qui les distinguent les vnes des autres plustost que de leurs formes essentielles qui nous sont inconnües. Ainsi le beau Iaspe estant naturellement marqueté & diuersifié de couleurs differantes Il est fort croyable.

ble que les Italiens l'ayent appellé *Diaſprò*, de c'eſte Diſparité, & diuerſité de couleurs dont il eſt reueſtu pluſtoſt que du Latin, *Iaſpis*, qui en eſt aſſez eloigné. Ainſi l'Eſcarboucle le Pyrope, la Chryſolite, l'Onice & autres ont receu ces noms de leurs couleurs. Le Diamant & l'Ametyſte de leurs proprietés, quelques autres comme le Topaze, du lieu de leur origine &c.

Ie ne doute point auſſi que vous n'alliés chercher l'origine de L'ESSONNIER, dans voſtre *Scapula* car afin que ie die cecy en paſſant côme ie ſuis Homme de Romans vous leſtes de dictionnaire, & ſi vne fois vous venez a les perdre voſtre fortune eſt faite, & l'on dira de vous ce que les politiques de Paris diſoient du C. de Pelleuè.

*Seigneurs Eſtats excuſez le bon Homme,*
*Il a laiſſé ſon Calepin à Rome.*

Tant y a que c'eſt honneſte Homme dont vous vous eſtes ſeruy pour crochetter mon ſecret m'eſcriuoit l'année derniere, qu'il venoit du Grec ἐν ζώνῃ en deux mots dont il a baſty noſtre eſſonnier qui ſignifie vne ceinture.

Or a cela i'ay 3. choſes à vous dire. La premiere, que ce terme *Eſſonier*, n'a iamais eſté employé en ceſte ſignification par nos Auteurs. Secondemët vous deuez vous ſouuenir de ce que vous auez dit & repeté pluſieurs ; fois que l'inuention des Armes eſt dëüe a noſtre nation, ce qu'eſtant, c'eſt vne impertinence d'aller chercher l'origine des termes d'vn Art n'ay en France chez les Turcs, Arabes, Hebreux, Grecs, Eſpagnols, comme vous faites aſſes ſouuent. Enfin ie vous repete ce que ie vous diſois tantoſt qu'en matiere d'etymologie, il faut boire de l'eau de ſa Ciſterne ſelon le dire de l'Eſcriture, & comme il eſtoit deffendu aux Atheniens d'aller puiſer chez leurs voiſins qu'ils n'euſſent fait auparauant toutes les diligences poſſibles, pour trouuer de l'eau dans leurs fonds. Ainſi aurions nous mauuuaiſe grace d'emprunter de nos voiſins ce que peuſt eſtre nous auons chez nous, outre que rarement nous y reuſſiſſons.

En effect ie prans garde que pluſieurs Doctes ſe ſont embaraſſés pour n'auoir voulu ſuiure cét ordre. Henry Eſtienne en-

tre

tre autres s'eſt efforcé inutilement de tirer noſtre *Tringue*, ou
*Tringle* du Grec Θριγκὸς, qui n'en eſt pourtant ſi éloigné que voſtre *Regula*. Villain de βᾶνος lequel manifeſtement eſt deriué de
*Villanus*. *Hoqueton*, du Grec χιτών confondu auec ſon article
ἰχιτών c'eſt vn diminutif du Flaman *Heuque*, employé par Mon-
ſtrelet pour vne Cotte d'Armes, & dans le Ceremonial de France au meſme ſens, pag. 53. tant y a, que de ce mot Heuque, ou
Huque, on en a fait Huquetton, & Hoquetton d'Archer.)

Ainſi vn ſçauant de nos iours pourroit bien s'eſtre meſpris
en l'origine de noſtre vieil mot Gaulois Tinel, qu'il a voulu faire ſortir du Grec θριαμβικὸν, c'eſt à dire, vn chant de triomphe, ce
qui eſt infiniment eloigné de ſa naturelle ſignification, que nous
expliquerons, apres auoir donné ſon origine, laquelle ie tire du
Latin *Tignum*; d'où l'on a fait premierement *Tine*, pour dire le
tronc d'vn arbre, qu'on appelle auſſi Tige de *Tigillum*, ſi ie ne
me trompe. Dans noſtre Perceforeſt ie vois des Arbres hauts de
Tine; c'eſt à dire, de tige. De tine puis apres nos Anciens ont
fait leur Tinel vſité encore auiourd'huy en Picardie, pour ſignifier vn baſton. Et en ce ſens ie trouue dans le meſme Perceforeſt, que la femme du Geant aux crins dorez prend vn Tinel
pour aſſommer Clamides, Eſcuyer de Lyonnet du Glas, qui auoit
abuſé de la ſimplicité de la ieune Geande, ſa fille, âgée ſeulement de neuf ans, quoy que d'vne taille fort au deſſus de cet
âge. Et au premier vol. fol. 130. *A tant va venir vn Eſcuyer*
*moult noblement veſtu, & le ſuiuoient deux forts varlets, por-*
*tants ſur vn* Tinel *vne Corbeille.*

Vóila donc ce que c'eſt que Tinel, reſte d'en montrer l'vſage, & de l'ajuſter à l'ancienne Ceremonie, pratiquée en France,
Angleterre, & autres Eſtats voiſins, où les Roys tenoient *leur*
*Tinel*; c'eſt à dire, Cour planiere. Ce qui ſe faiſoit aux grandes
Feſtes de l'année, où paroiſſants en Majeſté, la couronne ſur la
teſte, & le Sceptre, TINEL ou baſton Royal en main, pendant les
Diuins Offices, & meſme dans le Palais; l'heure du diſner ap-
prochant, ils *remettoient ce Tinel au Seneſchal*, qui eſt auiour-
d'huy le Grand Maiſtre, pour marque de l'autorité qu'il auoit

d'ordonner de tout ce qui appartenoit à la table du Prince, & de faire administrer ce qui estoit necessaire tant aux ordinaires qu'aux estrangers qui venoient de loing à cette feste par curiosité, ou pour faire honneur au Roy, tenant son Tinel. Cette ceremonie auoit encore deux circonstances considerables que vous prendrez en bonne part, quoy qu'elles soient hors de propos. La premiere, que trois Cheualiers faisoient le Siege du Roy & vn Escuyer couché à terre, luy seruoit de Marchepied. La deuxiesme, que les Grans du Royaume seruóient la table môtez sur grands dextriers, dequoy nous vous dônerons dés exemples en temps & lieu. Voila, Monsieur, dequoy me seruent les Romans, dont ie ne ferois pas tant d'estat, si ie ne connoissois par experience la necessité de cette lecture. C'est de ces vieux bouquins que vous deuez apprendre ce que nos Herauts entendent par leur *Pampellonné* ; car vous parlerez ainsi, s'il vous plaist. I'en ay bien quelque lumiere ; mais elle n'est pas assez forte pour dissiper les tenebres, dont ce terme est enueloppé, ce qui m'a empesché de m'en descouurir, si vous auez quelque chose de meilleur vous nous le donnerez, & nous vous en serons obligez.

Ie m'attache à vostre lettre comme vous voyez, suiuant l'ordre de laquelle ie viens au *Peri en Sautoir*, qui est vne de nos phrases Armoiriales, laquelle i'ay expliquée en vn sens que vous pretendez combattre. Or en cét article il y a deux choses à considerer, le terme *Peri*, duquel vous n'auez osé rien dire iusques à present, peut-estre n'auiez vous pas consulté vos Oracles. Quant au *Saultoir*, ie vous vois fort irresolu, ce qui vous arriue assez souuent ; car en la page cent, vous enseignez que le Chevron, le Pal, & le *Saultoir* sont des pieces de la barriere d'vn camp, ou comme vous dites en la page 110. les pauls, *Sautoirs*, frettes & cheurons sont pieces de la pallissade de la garde d'vn camp & des lignes. Et en la page 422. Vous changez d'aduis, & dites que le Sautoir, est vn instrument à deuider le filet & faire les Escheuaux. Ainsi à vostre exemple il me seroit bien permis de me r'auiser & prendre vne autre brisée, si ie n'auois bien rencontré

Mais

Mais comme ie blâme voſtre irreſolution , ie renonce au priuilege ; & au lieu de vous imiter , ie m'affermis dans ma premiere
penſée , que le *Sautoir* ait eſté ainſi appellè de l'exercice de noſtre ieuneſſe. Ce que i'appuye de deux autoritez. L'vne de Perceforeſt où ie vois *deux lances , eſpées en Sautoir* , il dit , qu'elles
ſont *eſpées* , d'autant qu'elles eſtoient *à fer emoulu* ; Et qu'elles
ſont en *Sautoir*, marque de quelque exercice militaire, ſuiuant ce
que dit Tacite *de moribus Germanorum* (& c'eſt ma ſeconde autorité ) que les ieunes gens de cette natiõ, *Nudi inter gladios ſe, at-
que infeſtas frameas ſaltu iaciunt.* De maniere que ie ne fais plus
aucune difficulté du nom & de l'vſage du Sautoir, que ie n'auois
expliqué, qu'auec crainte.

Quant a vous Monſieur il eſt euident que vous vous trompez d'vn coſté ou d'autre, & peuteſtre de tous les deux. Car pour
ce qui concerne vos barrieres dont vous parlez ſi poliment, vous
n'en apportez aucune autorité qui eſt vn mauuais ſigne. Et pour
le deuidoir a faire les *Eſcheuaux* , la penſée en eſt ſi baſſe & ſi
indigne de la generoſité, de nos Caualliers que vous en deuriez
rougir. Mais quoy le Pere Monet, qui eſt vn de vos meillieurs
Maiſtres auoit donné des Fuſeaux de Femme a ces braues, &
comme vous n'auez pas moins d'inclinatiõ pour le beau ſexe, &
pour ſes excercices vous auez voulu leur donner des deuidoirs
& ie ne doute point qu'a la prochaine edition vous ne leurs
fourniſſiés des quenouilles , & ne les enuoyés filer en la compagnie d'Hercule auec les Demoiſelles de la belle Omphale.

Que direz vous donc icy pour voſtre deffenſe, que le terme
*Aſpa* dans voſtre Dictionaire Eſpagnol ſignifie vn deuidoir , vn
ſautour &c. Voyla qui va bien. Mais pour cela noſtre Sautoir
Armorial ne ſera pas vn deuidoir ny le deuidoir vn ſauteur ou
ſautoir. Car comme le mont Taurus , n'eſt pas vne beſte a
corne quoy que le nom qu'il porte ſoit commun a la Montaigne
& a l'animal, & comme les Elephants de Pyrrhus ne deuindrent
pas des Bœufs parce que les Italiens qui ne les connoſſoient pas
encore leur donnerent ce nom, la premiere fois qu'ils les virent,
& pour me ſeruir de vos Armes & de vos rayſonnements contre
voas

vous mefme. Comme nous ne pourrions pas appeller noftre Sautoir Armorial vn Cheualet, encore que ce cheualet foit quelque fois nommé Sauteur, quelle raifon y auroit il de dire que le Sautoir du Blafon eft vn deuidoir, parce que le terme Efpagnol *Afpa* fignifie vn deuidoir.

Ouurez donc les yeux, ie vous prie, & confiderez que de toutes les fignifications de voftre *Afpa*, il n'y a que la premiere qui luy foit propre & que toutes les autres font Metaphoriques, & empruntées de la premiere, auec laquelle elles n'ont rien de commun que le nom. Et pour vous ofter tout fujet de douter, apprenés de moy que les termes *Afpar* & *Afpa* ne font pas tellement Efpagnols qu'ils n'ayent efté conus, & vfités en noftre langue. Et comme les bons Romans font des trefors inefpuifables de l'antiquité, celuy de Perceforeft tant eftimé de tous les curieux m'en fournit vne agreable preuue au 5. vol. ou *Afpeller* eft employé pour deuider, & il y a du plaifir de voir deux infolents Cheualliers de la Cour du Roy Arthus, attrapez finement par vne fage & vertueufe Demoifelle, laquelle ils auoient entreprife, & qu'ils s'eftoiét vantez d'humilier au peril de touts leurs biens. De quoy, il ne leur reuffit autre chofe que la confufion de fe voir enfermez dans vne Tour, l'vn apres l'autre, ou cette chafte Penelope les contraingnit de filer & puis deuider, l'Auteur dit HASPELLER ce qu'ils auoiét filé fur peine demourir de faim. En fin i'obferue que tout le raport qu'il pourroit y auoir entre le deuidoir & le Sautour du Blafon n'a iamais peu faire que nos Auteurs en ayent confondu les noms; de maniere que le Sautoir eft toufiours demeuré aux Armes, & à noftre Ieuneffe martialle & guerriere & le deuidoir (qu'on appelle en Dauphiné Echaigne, en Prouence Efcaigne, en Languedoc Efcaueau, en Champagne Efchauoy, en France, vn deuidoir) aux Dames & Demoifelle. De SAVTOVR en cette fignification ie vous confeffe mon ignorance ie n'enentandis iamais parler.

Du *Sautoir* vous paffez à la BANDE où ie vous attends de pied ferme. Pour le LAMBEAV que i'ay deriué de lamina, d'où par diminution on a fait, *Lamma & lamba*, & de là en noftre langue,
*Lambre*

*Embré & Lambrequin*, à l'exemple des Efpagnols qui ont for-
mé ces mots, *nombre*, *lumbre*, *hombre*, des termes Latins *ho-
mo*, *lumen*, *nomen*. I'ay pour garent le Sieur Mefnage, qui ay-
me bien mieux montrer par fes doctes efcrits la connoiffance
qu'il a de toutes les langues Orientales & Occidentales, que de
s'en vanter comme vous. Ie ne fçay pas fi touts fes ouurages font
dans cette vaste Bibliotheque, dont vous me faites peür. Mais
fes feules origines que vous auez fort eftudiées, fuffiroient pour
vous apprendre, que tous les Doctes ne font pas Pedants, comme
nous apprenons des voftres, que tous les Pedants ne font pas
doctes ; & fi vous n'auiez tant d'amour pour voftre noble me-
ftier, vous aduouëriez auec vn Ancien, qu'à l'Academie auffi
bien qu'à l'armée, il y a quantité de Braues, dont la valeur & la
doctrine font eminentes, quoy qu'il ne portent le faye de foldat,
ny la robbe de Profeffeur.

Monfieur Mefnage eft de ce grand genre, & ie reconois auec
joye que i'ay pris de luy le fonds de mon Etymologie du Lam-
beau, que i'ay eftenduë au l'ambrequin, & l'ay illuftrée par
l'autorité de nos anciens Hiftoriens, chez lefquels touts les
noms en Quin, font diminutifs fort vfités aux Pays bas. Ie vous
ay déja parlé des Petrequins, Raoulequins, Ioffequins, & autres qui font de ce païs i'y ajoûte les BOTTEQVINS d'Oliuier de la
Marche qui font de cette qualité & fignifient des petits Bots
ou Efquifs. Ainfi Tomas Què Angloys, ayant appris que Iacque
de Lalain qu'il cherchoit pour faire Armes, s'eftoit embarqué
pour fon retour, il femit en vn BOT, & courut apres luy ce dit
la Marche. Chez lequel vous verrez, qu'au Feftin des Nopces
de Charles Duc de Bourgongne, auec la Sœur du Roy d'Angle-
tere, l'on feruit vne nef chargée de viandes accompagnée de
quatre Bottequins i.e. Petits Efquifs pleins de Fruicts & de Con-
fitures, de toutes fortes ce que peuft eftre vous n'auriez pas entendu fi ie ne vous l'euffe expliqué.

Ie vous donne encore des efpargnes dudit Sieur Mefnage le
fameux Harlequin, ou petit Harlay, à qui vous ferez careffé en
faueur de la profeffion. Car vous n'eftes pas tellement Pedan-

que vous ne soyez auſſi Homme de Theatre en qualité de Meneſtrier. Et pour n'oublier ces illuſtres Forgerons des foudres de
nos Roys, dont vous eſtes iſſu. Ie joindray a ces diminutifs en,
Quin, deux pieces de noſtre anciene Artillerie. Le Cranequin
& le Ribaudequin ainſi nommez par ce qu'ils eſtoient plus petits
que les Mangenes, *Vnde Mangenelli*, chez Albert d'Aix appellez
depuis *Mangonneaux* par corruption, Chattes, Eſpringalles,
Trebus & Trebuchets, dont nous auons la figure dans le blaſon
d'vne famille du Valentinois fonduë en celle des Miſtrals, il eſt
de Gueulles à vn trebuchet ou Mangonneau debandé d'argent,
d'ardant vne nuée de pierres de meſme.

C'eſt ce que i'auois à vous dire pour l'intelligence & l'origine
du Lambrequin qui eſt deformais bien prouuée ; Quand à vous.
Mr. qui le deriuez de *Lamberare*, vous verres ce qui vous en ar-
riuera. Car d'vn coſté Nicot que vous alleguez ne parle point de
*Lambrequins*, tant s'en faut qu'il le tire de ce verbe dont Feſtus
ne connoit que la troyſieſme perſonne du preſent. *Lamberat i.*
*e. Scindit Laniat.* & d'ailleurs, ie veux que les Lambrequins
ayent eſté appellez Hachements, dequoy ie vous prie vous eſtes
vous auizé de tirer ces hachements des chapperons hachez à
la guerre, & qui à iamais ouj dire que nos caualiers ayent porté des chapperons ſur leurs caſques & heaumes ? En effect l'e-
xemple que vous apportez en preuue de ceſte doctrine, la de-
ſtruit pluſtoſt qu'il ne l'eſtablit : Il eſt pris d'Oliuier de la marche qui nous repreſente Frideric Pere de Maximilien premier, Roy des Romains faiſant ſon entrée dans Beſançon, ou il
parut couuert d'vn chapperon, dont la patte venoit iuſques à la
ſelle de ſon cheual, & eſtoit decouppée à grand lambeaux, & le
reſte. Or ie vous demande ce Prince venoit-il de la Guerre,
que ſon Chapperon eſtoit ainſi decouppé, ou ſi c'eſtoit la couſtume de partir, & coupper ces pattes de Chaperon afin qu'elles
en fuſſent plus gayes, & moins embaraſſantes ? C'eſt ce qu'il
faut que vous reconoiſſiez. Car cette entrée ſe fit en plaine
paix, ou ie ne dis pas vn Prince, mais le moindre Gentil-Homme n'auroit pas oſé par eſtre ainſi deſchiré, & decouppé. Et d'al-
leurs

leurs c'eſt vne choſe ſi extrauagante , & ſi éloignée de toute apparence de raiſon qu'on ait porté des Chapperons ſur le Caſque, comme vous auez voulu dire que ie ne ſçays comme vous auez peuteſtre capable d'vne telle penſée.

Certes Monſieur, les Caualliers du temps paſſé ne portoient pas le Caſque ſur la teſte nuë , cela n'appartenoit que des Saints Penitents, tels que ſainct Guillaume Duc d'Aquitane, vn ſainct Conrard &c. Ils auoient donc quelque choſe ſur la Teſte, vne coiffe piquée par exemple que les Anciens appelloient, *Ἀχίλλειος πῖλος* parce qu'Achille en fut l'inuenteur *τὸ μὲν οἶδ᾽ ὡς πρῶτος τὴν κεφαλὴν* comme dit Euſtatius ſur le neufiéme de l'Iliade, Ammian Marcellin le nőme CENTO. Sur cette coiffe ils en mettoient vne autre de fer couuerte de cuir blanc, on l'appelloit alors le *Baſſinet*. Sur ces deux Coiffes ſe poſoit le Heaume ou Tymbre orné de ſon Cimier accompagné de la Treſque , treſſe, torque ou tortil ( ce que vous appellez Bourrelet fort mal a propos ) pour les ſimples Bannerets, du Chappeau ou Cercle, pour les Comtes & Ducs , Et de la Couronne pour les Roys. Or ſi ce Caſque ſeul incommodoit ſi fort qu'on ne le prenoit qu'au beſoin & au point qu'il falloit combattre, qu'auroit faict vn chapperon fourré ſur vn heaume chargé de cimier & des autres ornements ordinaires , en ce temps principalement que les gens de guerre eſtoient armez d'anclumes , comme diſoit Rabelais, ou comme ces Crupellaires Autunois, dont parle Tacite. Bref il faut que vous conſideriez icy deux choſes. La premiere, que c'eſt la patte du Chapperon de Frideric,& non la teſtiere, qui eſt decouppée , ce qui deuroit eſtre neantmoins, eſtant plus expoſee aux coups qu'aucune autre partie de ces Chapperons. Et la ſeconde, que ces lambeaux ſont taillez & decoupez auec tant de iuſteſſe, qu'il eſt aiſé à connoiſtre, qu'ils ont eſté faits à deſſein & auec eſtude dans la boutique d'vn Tailleur , & non dans le deſordre & la confuſion d'vne bataille mortelle.

Ie vous attends au reſte ſur la *Hache Danoiſe*, que ie vous prie de manier dextrement, ſi vous ne voulez vous enferrer, comme il vous eſt arriué aſſez ſouuent ; i'en ay dit, ce que i'en penſois,

penſois, auſſi bien que de la BROYE, & i'oſe dire, de celle-cy qu'elle vous ſeroit encore inconnuë, ſi ie ne l'auois expliquée par vne ſeconde penſée, qui eſt ſolide, quoy que vous diſiez: que ſi la premiere n'a pas eſté heureuſe, i'en ay rendu la raiſon. Nous n'auons que trop d'experience des deſordres, qui ſe ſont gliſſez dans la ſcience Heraldique à faute d'entendre les termes, & de connoiſtre les figures aſſez ſouuent deprauées par les Peintres, Sculpteurs, Brodeurs, &c.

L'ignorance des termes a fait, qu'on nous a donné vn *Cercle de Tonneau*, pour vn *Sycamor*, qui n'eſt rien moins que cela. C'eſt vn arbre tres-commun dans les montaignes de Dauphiné, où il vient naturellement, & ſans art. Depuis quelques années on l'auoit apporté en France de là ou d'ailleurs, où il a eu vogue iuſques à ce que les tillots ayent eſté connus, & luy ayent oſté ſon credit. Tant y a qu'on le connoiſſoit par ſon propre nom de Sycomore pour lequel les Prouinciaux, & les Officiers d'Armes diſent plus communement vn Sycamor.

Le CERCLE meſme s'eſt reſſenty de ce malheur, & l'ignorance des Graueurs eſt allée à ce poinct qu'ils nous ont repreſenté vn *Cercle commun*, au lieu d'vn *Chappeau de Comte*, qu'on appelle proprement vn *Cercle* & c'eſt en ce ſens, qu'il eſt ſouuent employé dans nos Romans, & dans le Ceremonial; ce qui me fait ſouuenir d'vne erreur plaiſante d'vn Auteur celebre, parmy les Herauts, qui s'eſt imaginé que les Perles, qu'on appelle de conte, eſtoient ainſi nommées, d'autant que les Cercles, ou Chappeaux des Ducs, Marquis, & Comtes eſtoient grêlées, de cette ſorte de Perles, qu'on vent à la piece, à raiſon dequoy l'on en marque le nombre, en quoy elles different des autres moins fines, qui ſe vendent au poids.

Ie remarque aſſez d'autres traicts ſemblables de cét Auteur que ie paſſe, pour vous dire, que i'ay vn violent ſoupçon que Me Iean le Feron ne nous ait tous trompez, au ſuiet de la croix, qu'il appelle RESARCELEE. Ma raiſon de douter eſt, que tous ceux qui ont eſcrit deuant luy ne connoiſſent point cette ſorte

de

de croix de la façon qu'il l'a repreſentée, au lieu de laquelle ilſ nous en donnent vne autre en façon de *croix encrée*, dont les crochets ſont fort recoquillez & preſque arrondis, à raiſon dequoy ils la nomment RECERCELLE'E, ce qui conuient extreme-ment bien à la ſignification de cet ancien terme *Recercellé*. Ie re-marque auſſi qu'aucun de ces Eſcriuains anciens ou modernes n'a produit iuſques à preſent aucun blaſon de famille ou la croix de Iean le Feron ſoit employée, de la maniere qu'il nous la donne. Et ainſi tout conſideré, il y a lieu de croire, que cet Au-teur ayant leu que le Mareſchal de Marſilly & le Chancelier He-mard portoient des croix *recercellées*, ſans en auoir veu la figu-re ; il nous les auroit figurées ſuiuant ſon imagination, & non ſelon la veritè des choſes. Que ſi ma conieĉture ſe trouue veri-table, ie n'auray point de honte de retraĉter mes fautes icy & ailleurs, ſi le cas y eſchet.

Ne croyez donq pas que ie m'offenſe, ſi vous changez d'opi-nion touchant les Armes de Nauarre, car d'vn coſté vous n'eſtes pas tel que ie me doiue beaucoup flater de voſtre approbation non plus que Phocceon de celle des Atheniens. Et d'ailleurs ie ne ſcaurois eſtre blaſmé de ſuiure Oihenard dans ſon deſadueu l'ayant pris pour garend de mon aſſertion auec tant d'autres grands hommes, auſquels ie pouuois adiouſter le P. E. Binet dont le teſmoignage n'eſt pas de moindre authorité que celuy du ſieur Meneſtrier.

Mais puiſque nous ſommes ſur ce chapitre des retraĉtations ſi vous prenez le ſentiment de vos amis, vous en ferez vn volu-me auſſi gros pour le moins que celuy de ſainĉt Auguſtin. Or bien que ie ne ſois aſſes heureux pour eſtre de ceſte trouppe choiſie, ie ne laiſſeray pas de vous traiĉter en Amy, & de vous marquer d'office quelques lieux de voſtre liure qui ont beſoin de reuiſion.

I'eſtime donq en premier lieu que vous eſtes obligé de retra-ĉter ce que vous auez auancé en diuers lieux de cet ouurage, que les Armoiries ont eſté inuentèes par noſtre nation, & que l'vſage n'en a eſtè introduit que dans la ſecóde race de nos Roys.

I

n'y ayant rien de plus veritable que ces glorieuses marques, &
enseignes de la noblesse sont aussi anciennes que la guerre, &
les armes mesmes. Ce qui vous a trompé est, que vous auez leu
dans vn Auteur du temps, qu'il ne se trouue Charte ny tombe
ornée ou scellée d'Armes de prince ou seigneur deuant l'an
1072. A quoy i'adiouste pour vous obliger, ce qu'a escrit Haute
Serre, que nous n'auons sceu ce que c'estoit qu'Armoiries deuant la troisiesme race de nos Roys. Mais comme ces arguments sont negatifs, ie n'estime pas qu'ils soient concluants. Car
d'vn costé, il est euident que les Grecs, Romains, & Allemans se
sont seruis d'armoiries long temps deuant nous, ce que
ces Autheurs ne denient pas. Et pour ce qui nous regarde,
vous faictes assez voir par vos propos escrits, qu'ils n'ont pas
frappé au but. Souuenez vous de ceque vous dites de Charles le Chauue & de Geofroy le velu qu'il quitta ses armoiries
propres (ce que ie vous prie de noter) pour donner lieu à celles
que Charles luy donna, & que vous dites estre celles d'Aragon
*Per prolepsim.* Car autrement ce sont celles de la Principauté de
Barcelone. Souuenez vous encore de l'obseruation que vous faictes, page 373. de vostre liure, par ou il paroist que nostre Roy
Clouis auoit déja des Armes. Et enfin de ce que vous dites en la
page 39. ou vous citez le sieur des Marets, qui donne des armes à vn seigneur de Pons des le temps du mesme Clouis, & du
Roy Alaric. Ie pourrois adiouster à ces riches tesmoignages ce
que les Alemans escriuent de Vvitikind dont les Armes furent changées au baptesme par nostre Charlemaigne deuant l'an
huict cents. Vous ne rejetteries pas peust estre ce traict de la
Chronique de Flandre, qui rapporte que le sire de Gaure portoit
les armes de Rolant. Vous scauez aussi ce que l'on à dit de Phi-
nard & de Lideric.

Mais nous n'en demeurons pas la, ie pretens que les Armoiries estoient desia conuës, & vsitées de la maniere dont nous en
vsons des le temps de nos peres estants encores en Alemaigne,
comme ie l'infere de ce lieu de Tacite, *De moribus Germanorum.*
*Nulla inquit apud eos cultus iactatio scuta tantum lectissimis, colo-*
*ribus*

*ribus distinguebant.* Ce que ie pourrois expliquer de nos, Escuts, *partis, couppés tranchés, taillés, fassés, pallés, bandés, barrés* &c. des couleurs & des metaux de nos Armoiries, ce qui est propre de nostre nation car toutes les autres ont plustost affecté les animaux de toutes sortes, & les monstres mesmes, comme nous l'auons dit ailleurs.

Voyla Monsieur ce que i'ay remarqué de nostre Nation, la quelle comme vous sçauez, n'a iamais esté des plus curieuses. Et pour ce qui est des Grecs, & des Romains, si ie vous traictois comme, *Tatius*, & les Sabins l'infortunée, *Tarpeia*, & que i'amoncelasse sur vostre teste touts les Escuts, Targes, & Boucliers des Heros de la Grece, & d'ailleurs, ornez & Historiez de leurs Blasons, & deuises ie vous ferois vn Monumét plus superbe que celuy de Mausole, & de tous les Roys d'Egypte. En effet vous ne sçauries resister a cette foule d'Autoritez, & de tesmoignages autentiques qui s'eleuent contre vous, & quand nous n'aurions que les Poëtes que vous vous efforces de recuser, vous ne pourriez pas vous sauuer. Car encore que ces beaux esprits se donnent souuent carriere, & quils meslent beaucoup de fables dans leurs narrations ausquelles pour cette raison nous n'ajoustons pas tousiours foy : si est ce pourtant qu'on n'a pas accoutumé de reietter leur tesmoignage en ce qui concerne les mœurs coustumes, & façons de faire de l'antiquité.

Mais de bonne fortune, nous n'en sommes pas reduits à ce poinct. Vous auez peu voir dans nos Origines quelques autoritez extraites de Plutarque, dont le nom est en veneration parmy tous les sçauants. I'ay rapporté aussi quelques exemples d'vn plus grand nombre, tirez de Pausanias, qui ne dit rien, que ce qu'il a veu de ses propres yeux ; car il y en a bien dauantage. Celuy de Menelaüs entr'autres dont le symbole estoit vn dragon, figure de celuy qui parut en Aulide, au demarer de l'armée des Grecs. Homere qui a si dignement escrit cette expedition, vous a donné le Blason de son Aisné, qui n'est pas si regulier. Et il faloit bien que le Harnois & le Bouclier d'Achilles eussent quelque chose de singulier & de remarquable, puis-

que

que Patroclc, qui les auoit endoſſés , fut pris & tué pour luy,
Que s'il ne parle ſi exactement des autres Chefs de cette armée,
vous pouuez coniecturer des paroles de Chorebus , au ſecond
de l'Eneide , qu'ils ne laiſſoient pas d'auoir Eſcuts & Armoiries.   Ce qui eſt confirmé par l'autorité de Pline l'aiſné liure
35. de l'hiſtoire naturelle , où il eſt dit expreſſément , que les Eſcuts de ces Braues eſtoient ornez d'Images , & Figures diuerſes
pour ſe faire diſtinguer & connoiſtre. *Vnde , inquit , Scuta no-*
*men habuêre clypeorum non vt peruerſa grammaticorum ſubtili-*
*tas voluit a cluendo.*

Ne dites donc plus , que nous deferons trop à l'antiquité , nous
le faiſons auec iugement & autorité , & ſi vous n'eſtiez ſi bruſque , vous vous ſouuiendrez encore de ce que vous auez enſei-
gné page 60. & 61. de l'Art veritable , que les Armes des filles ſe
mettoient ſur des lozenges , à cauſe , que les tôbeaux des Amazones eſtoient de cette figure , & que l'on grauoit les Armes deſſus
ces tombeaux. Vous n'auriez pas auſſi oublié le lieu de Diodo-
re , que vous rapportez , page trois cents vint-huict , & que vous
auez emprunté de Fauin , auſſi bien que celuy des Amazones:
mais vous ne prenez pas le ſentiment de cet Auteur , qui s'en eſt
ſeruy conformement au noſtre.

Apres cela il ſemble qu'il ne ſeroit pas neceſſaire de s'arreſter
aux raiſons de Blondel , & Hauteſerre Afin neanmoins qu'il ne
vous reſte aucũ ſcrũpule. Ie vous diray que iay déja reſpõdu a ce
dernier des l'entrée de nos Origines ou ie vous ay aduerty que
les voyages de la terre Sainte , n'ont pas tant eſté occaſiõ de l'inuention des Armes qu'ils les ont rendues plus communes , &
plus neceſſaires qu'elles n'eſtoient aux ſiecles precedents. Qui
eſt ce qui la trompé. En particulier les Arguments de Blondel
fõt fort ayſez à reſoudre , car pour le premier qu'il tire des ſçeaux
qu'il pretent n'auoir eſté marquez des Armes des Nobles deuant l'année 1072. tout ce qu'on en peut conclure eſt que deuant
ce temps les enſeignes de la Nobleſſe eſtoient vrayement *Armoi-*
*ries* , d'autant quelles ne ſeruoient que pour la Guerre , & les Armes dont ellesont tiré leur nom , & n'eſtoient allors profanées
comme

comme elle ont esté depuis. Et pour ce qui est des Tombes, outre qu'on en pourroit dire la mesme chose, il faudroit qu'elles eussent esté posées soubs vne heureuse constellation, pour auoir peu resister au temps, brulements, incendies, ruines, & desordres causez par le des bordement des Vvisigots, Sarrasins, Normans, Anglois, & aultres Nations Barbares qui ont inondé, & desolé nostre France en diuers temps.

I'espere aussi que vous retracterez ce que vous auez dit en vostre abregé & encor en la page 41. de l'Art verit. Que les armoiries n'ont esté hereditaires, que depuis le regne de S. Louys. Ce qui est si faux qu'il n'y a rien de plus faux. En tout cas, vous ne sçauries denier la succession continuelle des fleurs de Lys, dans la maison Royale depuis Clouis, iusques à present. Les Armes de Normandie, de Bourgoigne, de Flandres, Toulouse, Champaigne, continuées de Pere en Fils plus de deux cents ans deuant le regne de S. Louys, vous prouuent la mesme chose, & il fault estre bien opiniastre pour s'y vouloir opposer.

De dire aussi que les armes estoient attachées aux terres & aux fiefs dont on prenoit le nom, & les armes, c'est vne autre erreur sujette à retractation. Et à cette fin ie vous prie de vous souuenir de vostre definition des armoiries, par laquelle vous establissez que ces Blasons ont esté inuentez pour distinguer les familles les vnes des autres, d'ou il sensuit que les terres n'ont aucunes armes que dependamment des familles, & personnes qui les possedent. Que s'il s'est rencontré quelqu'vn qui ait pris les armes de certaines heritieres, comme le frere du Roy Robert, de Philippe premier, & les enfants de Louys le Gros, ils les ont plustost reçeues de ces heritieres en la personne de qui elles subsistoient que des terres mesme. Ce que ie confirme par deux raisons inuincibles. La premiere que les gentils-hommes dans la premiere & seconde race de nos Roys ne portoient le nom de leurs terres, côme ils ont faict depuis, ce que vous auez obserué vous mesmes. La seconde que les Cadets de famille, qui n'ont rien à ces terres, ne laissent pas d'en porter les Armes. Comme les Seigneurs de Montaigu puisnez de la premiere branche de

Bourgongne, & les Seigneurs de Couches, & de Sombernon puiſnez de ces puiſnez, qui porterent tous de Bourgongne anciene, auec brizure & ſousbrizure, tant que les aiſnez durerent: mais la branche Ducale eſtant eſteinte, & le Duché paſſé auec l'heritiere aux enfans du Roy Iean, ils en prirent les Armes pleines, quoy que la terre fuſt bien eſloignée de leur famille.

Tout ce que vous dites en ce meſme lieu, ne ſert que pour affermir de plus en plus noſtre doctrine, & les changemens que vous alleguez, pour fauoriſer la voſtre, la deſtruiſent entierement. En effect à quel propos auroit-on obſerué auec tant d'exactitude le changement d'Armes de ces cadets de Robert & Philippe premier, des enfans de Louys le Gros : d'vn puiſnay de Flandres, appellé au Comté de Haynaut, d'vn des enfans de cettuy-là, r'entrant dans l'heritage de Flandres, & quelques années auparauant de Philippe d'Alſace, Comte de Flandres, qui le dernier porta les Armes *Girennées*, dit la vieille Chronique ; car tous les autres depuis Liderik les auoient portees ſucceſſiuemēt? ce que ie vous prie de noter: Et enfin de tout ces Côtes des Pays bas, qu'on dit auoir quitté leurs Armes de concert pour prendre des lions. A quel propos, dy-ie, auroit-on tenu regiſtre de toutes ces mutations, s'il n'y euſt eu quelque loy ou coûtume au contraire?

Mais ie paſſe bien plus auant, & vous ſoûtiens, que chez les Grecs meſmes les Armoiries ont eſté ſucceſſiues & hereditaires, comme tout le reſte des biens de la Famille. L'exemple d'*Epaminondas* eſt formel pour cela. Et Pauſanias vous a apris, qu'il portoit vn Dragon, parce qu'il eſtoit iſſu de la famille des *Spartès*, ou ſemez de la ville de Thebes, ce qu'il n'eſt pas beſoin de vous expliquer. Le meſme obſerue d'*Idomenée*, qu'il portoit vn Coq, oyſeau dedié au Soleil, duquel il pretendoit eſtre deſcendu. Que ſi vous m'oppoſez ce qui eſt euident, que toutes ces origines eſtoient fabuleuſes, ie ne conteſteray pas. Mais auſſi faudra t'il que vous confeſſiez que les fables auoient autant d'autorité ſur les Eſprits de ce ſiecle que la verité meſme. Et vous eſtes trop habile homme pour ne pas ſçauoir, ce qu'vn excellent

Hiſtorien a remarqué des cōmencements de la Ville de Rome,
où il dit expreſſement qu'en matiere d'Origines & ſur tout des
grands Eſtats & des Familles Illuſtres, l'on ſouffre que la fable
ſe meſle a l'hiſtoire, pour la reuerence de l'antiquité. Vn autre
non moins graue dit la meſme choſe des Alemans, *Apud quos*
dit il *licentia vetuſtatis plures Deo orti creduntur.* Pompée quoy
qu'ennemy de Cæſar, ne laiſſoit pas de croyre qu'il eſtoit deſcendu de la Deeſſe Venus. Et ainſi comme vous voyez, il ne s'a-
giſt pas icy de ce qu'on doit croire de ces fables, mais de ce
qu'on en a creu.

Pour reuenir a noſtre propos ie trouue que les Latins auſſi
bien que les Grecs ont affecté les Armes ſucceſſiues *Auentin*
chez Virgile ſe fait remarquer par le Blaſon de ſon Pere. *Turnus*
chez le meſme porte vne vache, parce qu'il eſtoit iſſu de la Prin-
ceſſe Io, qu'on a creu auoir eſté changée en vn Animal de cette
eſpece & de ce ſexe. Si toutes-fois on y voit, *Helenor* Armé à
blanc ſans aucune enſeigne ou Armoirie, & comme a dit ce
Poëte. *Parmaque Inglorius alba.* Ce n'eſt
pas a dire qu'aucun ne peut porter Armoiries qu'il ne les
euſt acquiſes par quelque genereux exploit, rien moins que
cela. Cét équipage, au contraire eſt vne preuue de nos maximes, & vne marque de la prudence du Poëte qui traicte Helenor en homme de ſa condition. Il ſçauoit en effect que ce nouueau Caualier eſtoit vn Baſtard Fils d'vne Eſclaue, deſaduoué
de ſon Pere, & de la claſſe de ceux que le Iuriſcōſulte Theophile
appellé ἀπάτορας lequel en cette qualité eſtoit exclus de la milice,
& des Armes que les Eſtats biē policez n'ont jamais permiſes aux
Eſclaues hors vne extreme neceſſité. Tant ſans faut qu'ils euſſent peu pretendre aux Blaſons, & Armoiries de leurs Peres,
que les legitimes meſme s'il faut dajouſter foy aux Romans ne
pouuoient porter, qu'au bout de l'an de leur Cheualerie, ne s'en
eſtimans pas dignes iuſques a ce terme. Tant y a que les Baſtars,
eſtoient exclus des biens, & des honneurs de leurs parents par
toutes ſortes de loix. Vous auez celle des Atheniens chez De-
moſtene en l'Oraiſon contre Macartatus en ces termes. νόθῳ δὲ
μηδὲ

μηδὲ νόθη μὴ εἶναι ἀλχιστεαι μετὰ ἱστῶν μηθ' ἐστω;car cõme ils font cĕſez ſans
peres, auſſi n'ont-ils aucune parenté,ny par conſequent droiĉt de
ſucceſſiõ.Les Turcs,qui ſont les ſinges des Iuifs,tiennẽt pour baſtards les enfans de leurs concubines , & ne partagent point aux
biẽs de leurs parens.Ie ne vous dis rien du Droiĉt Romain;car ie
remarque , que vous vous eſcrimez du Digeſte & du Code, ce
qui me donne vne penſée,que ie ne veux pas dire.Chez nous les
Baſtards ne peuuent pretendre que les aliments : & pour le fait
des armes dont il s'agit preſentement, ils en ont eſté long-temps
exclus ; vous auez obſerué ce que du Tillet en a eſcrit au ſuiet
d'Amaury de Montfort , & partant l'exemple d'Helenor , & le
vers de Virgile bien entendu,n'empeſchent point que les Armes
n'ayent eſté hereditaires dés ce temps-là.

Ie ne doute point auſſi , que vous ne remettiez à la forge voſtre definition du Blaſon , pour laquelle vous auez eu tant de
complaiſance , & ſur laquelle voſtre Art veritable eſt appuyé, &
affermy comme vne meule de moulin , ſur la pointe d'vne ai-
guille. En premier lieu , il n'eſt pas neceſſaire, & n'eſt veritable
en effet , que les Armoiries ſoient compoſées de couleurs , & de
metaux , vous en demeurez d'accord vous meſme, & dans la
practique nous auons pluſieurs blaſons de metal ſeul , ou de
couleur ſeulement , ou de l'vne ou l'autre des deux pennes ſans
aucune autre figure.

Secondement ſi elles ſont hereditaires , comme nous preten-
dons qu'elles ont toûjours eſté, c'eſt contre vos maximes , car
vous enſeignez ailleurs qu'elles n'ont cette qualité,que depuis le
temps de S.Louys,ainſi les propoſitions contenuës en voſtre definition, ne ſeroient pas d'vne verité conſtante & eternelle.

Item, il n'eſt pas neceſſaire, qu'elles ſoient données, ou autoriſées par le Prince, autrement vous deuez paſſer l'eſponge ſur
ce que vous auez eſcrit,enſeigné,repeté,& rebatu en diuers lieux
de voſtre ouurage, que les Armoiries ſont figures de caprice,
d'imagination, & de fantaiſie, ce qu'eſtant veritable, comme il
n'en faut point douter, vous deuez plûtoſt rayer cette difference de voſtre definition,laquelle d'ailleurs eſt autant inutile,com-

me

me elle eſt iniurieuſe à la bonne & ancienne Nobleſſe. Ce qui s'entendra mieux, ſi vous prenez garde, qu'en tous les Eſtats, & en France principalement il ſe rencontre trois differents degrez de Nobleſſe.

Le premier eſt, de ceux qui tirent cét auantage de la nature,& de leurs parents, qui leur impriment cette qualité excellente, appellée des Grecs ὐγύνεια. Le ſecond eſt, de ceux qui ſe ſont ſignalez par les armes, & par les lettres,& qui ſe ſont eſleuez aux premieres charges de la milice ou de la Robbe. Le troiſiéme eſt, de ceux qui ſe defiants de leurs merites ont recours au Prince, afin qu'il ſupplée par ſa toute puiſſance, ce qui manque a leur origine. Et c'eſt de ceux-là ſeulement que vous auez peu dire, que les Armes ſont données ou autoriſées par le Prince. Car pour les ſeconds ils s'annobliſſent eux-meſmes pour ainſi dire, par leurs rares vertus politiques,ou militaires,qui les approchent de la perſonne du Prince,de la compagnie duquel ils contractent ie ne ſçay quels brillants de ſplendeur & de lumiere, qui ſont plûtoſt des declarations de la Nobleſſe de ces grands Genies,que des annobliſſemens,dont ils n'ont pas beſoin.

Quant aux premiers ils le portent bien plus haut, & ne feignent point de dire, qu'ils ſont Nobles comme le Roy.Ce qui ſe doit entendre de ces Familles Aborigenes; dont l'antiquité eſt ſi haute,& ſi reculée de noſtre cónoiſſance, qu'on n'en ſçauroit decouurir la ſource,non plus que du fleuue du Nil. Or ceux-là ſont de deux ſortes, car ou ils ſont indigenes & Autoctones, comme ceux de Montmorency, de qui les anciens Herauts auoient accouſtumé de dire,Montmorency premier que Roy en **France**. Où ils ſont venus d'ailleurs,& decendus de ces braues, qui accópagnerent nos premiers Alexádres à la conqueſte de l'Occident, & ſe ſont ceux-cy proprement.qui ſe peuuent vanter d'eſtre Nobles comme le Roy. Certes ſi chez les Allemans, dont nous tirons noſtre origine, les Roys eſtoient choiſis du corps de la Nobleſſe; tous ceux de cet Ordre, pouuoient en quelque maniere parier auec le Roy, puis qu'ils pouuoient tous aſpirer à la Royauté, & eſtre Roys en effet. D'où il s'enſuit, que ces grandes, illuſtres & anciennes familles, indigenes, ou eſtrangeres, dont nous auons pluſieurs beaux reſtes dans toutes les Prouinces du Royaume, ne reconnoiſſent aucun Auteur de leurs Armes, que ce que vous appellez caprice, imagination, ou fantaiſie.

Enfin il n'eſt pas veritable, que les Armoiries ayent eſté priſes, pour diſtinguer les Familles, mais plûtoſt pour diſcerner les membres particuliers de ces familles. Car encore qu'en ſubſtance tous ces particuliers portent meſmes Armes, ſi eſt-ce pourtant qu'elles eſtoient diſtinguées & differentiées par certaines marques appellées *brizures*, qui appliquoient & approprioient ces Armes à cettuy-cy, ou à cettuy-là, & le diſcernoient de tous les autres membres de la Famille en general, & de chacun d'eux en particulier; iuſques là meſme, que du temps de la Marche, qui ne parle que de ce qu'il a veu, le fils aiſné d'vne Famille ne portoit les armes de ſon pere qu'auec difference, dequoy ie ne m'étonne pas. Car les armes ayans eſté inſtituées pour faire à la guerre ce que les noms & prenoms dans les affaires domeſtiques, & d'ailleurs le pere & le fils ſe pouuans rencontrer dans vn meſme combat : Mais ie paſſe bien plus auant toute vne vne compagnie pouuant eſtre compoſée de freres, oncles, neueux, & couſins, comme il arriua autresfois à Rome à la guerre des Vejentins, que la ſeule Famille des Fabiens prit ſur ſes bras, ne falloit-il pas de neceſſité, qu'il y euſt quelque diſtinction dans les Armes, pour diſcerner le bon du mauuais, le genereux du lâche, le vaillant du temeraire, à faute dequoy, comme tous ceux d'vne grande Famille auroient peu s'attribuer l'honneur d'vne action heroïque executée par vn particulier, auſſi auroient ils couru fortune d'eſtre tous notez d'infamie pour la poltronnerie d'vn ſeul, ſi leurs enſeignes euſſent eſté abſolument ſemblables.

Peut-eſtre auray-ie eſté trop long en l'examen de cette belle definition, mais encore ſuis-ie obligé de vous dire vn mot de voſtre diuiſion des Armoiries, & vous aduertir que les Armes que vous appellez de domaine, ne ſçauroient conuenir a l'Empereur, qui n'en a aucun depuis Charles IV. & n'en peut auoir

à l'ad

a l'aduenir en qualité d'Empereur. Les loix Imperialles ne l'ay permettants pas de s'appliquer, les terres confisquées, & mises au ban Imperial, comme on parle en Alemagne. Charle cinquiesme sçauoit bien cecy; aussi se moquoit ils des Alemans qui se faisoient feste de cette dignité, & leur sceut fort bien dire, que ce qu'ils estimoient tant, ne luy apportoit que des inquietudes, & que sans le reuenu de ses Païs bas, il n'auroit pas eu dequoy entretenir sa Table. Vous pouuiez donc mieux dire que les Armes de l'Empire, sôt plutôtmarques de Dignité que celles de s Electeurs, principalement des Ecclesiastiques dont l'honneur n'est pas si nud, qu'il n'apporte auec soy vn domaine bien asseuré, & des places d'Armes à l'abry desquelles, ils se maintiennent en paix au milieu des orages qui agitent assés souuent, les peuples de la Germanie. Ie ne dis rien des autres membres de cette belle diuision qui bien examinez, reuiennent presque tous à vn, outre que la connoissance de toutes ces choses suppose bien d'autres principes que ceux des Armoiries.

Au reste ie n'ignore pas que vous n'ayez des Auteurs pour appuyer ce que vous auez dit de la pourpre. Mais ie vous peus bien asseurer que ce ne sont pas les meilleurs. Et comme la pratique des anciens au fait des Armes, est a preferer a la Theorie des modernes, vous ne sçauriez manquer de vous retracter en ce point, & de restablir cette couleur Armorialle que vous auez ostée a nos Herauts sans fondement asseuré. Prenez donc garde, que s'il y a eu quelque ambiguité pour les Armes de Leon en Espaigne, elle ne prouient que de l'ignorance de vos Auteurs Espagnols qui nont sceu distinguer le pourpre, du rouge. Certes Messieurs de sainte Marthe qui ont en main les meilleurs registres des plus anciens Herauts, blasonnent constamment cét Escu de Leon, D'argent a vn Lyon de pourpre. Quoy qu'il en soit, personne n'a jamais douté de celles de Rodez qui entrent en celles d'Armaignac, & sont de pourpre à vn Leopard rampant d'or. Que si le Feron les Blasonne autrement en l'Escusson d'vn Bastard de cette maison, qu'en celuy du Connestable, c'est vne faute d'imprimeur qui a deu estre corrigée par le Sieur Gode-

Godefroy, de l'autorité de Messieurs de sainte Marthe qui Blasõ-
nent ce Bastard comme le Connestable sauf la Bastardise, 2. vol.
de l histoire de France liure 15.chapitre 7.& liure 21.chapitre 3.
Nous auons assez d'autres Blasons, ou cette couleur est emploiée
tant en France qu'ailleurs. Saint Leger par exemple, & Gaste
Luppé que nous auons Blasonnez dans nos Origines. Lacy en
Angleterre, de gueulles a vn Lyon de pourpre. Pembrok d'or
party de sinople a vn Lyon de pourpre brochant sur le tout. Richard Plantagenest Fils d'Edmund de Langley Duc Dyork,
d'Angleterre, a la bordure d'argent chargée de huict Lyons ram-
pás de pourpre.En Allemagne l'escu de Haute Saxe est si illustre
qu'il est capable de fermer la bouche a tous nos brouilleurs de
papier il est de pourpre,a vn cheual gay contourné d'Argent.Ki-
bourg d'or a vne fasse de pourpre entre deux filets de mesme,
Bendorph en Misnie comme Lacy cy-dessus, les Purpuraty de
Piedmont d'or ou d'argent à trois coquilles de pourpre, &c.

Que s'il est question de la theorie, vous ne vous-y trouuerez
pas mieux fondé. car d'vn costé il n'est point vray, que la pourpre vulgaire des Peintres,soit vn composé, resultant du meslange des autres couleurs, comme l'a creu Sicile le Heraut. En effet la seule laque & l'azur suffisent auiourd'huy pour cela. Et
l'ancienne pourpre du temps passé, qui estoit si pretieuse, se fai-
soit du sang & de la substance seule du petit coquillage, appellé
Purpura. Et d'ailleurs le Heraut Sicile nonobstant ce meslange
imaginaire ne reiette pas cette couleur, dont l'existence & la dignité est assez bien establie par la deposition de toute l'antiquité,
& par consequent.

Tout cecy, Monsieur, regarde la science en general ; en particulier vous reparerez l'honneur de quantité de Familles illustres que vous offensez mal à propos dans vostre Preface. C'est
là que vous formez vne plainte indiscrete,de ce que l'enclume &
les marteaux se trouuent sous le Diademe,aussi bié que les aigles
& les lions : comme si vous vouliez dire,que ces instrumens mechaniques fussent indignes des Armoiries, & de l'honneur des
couronnes que les Nobles se sont acquises dans les Armes, &

par

par ces marteaux mesmes, dont leurs blasons sont ornez, & decorez.

Or en ce poinct vous errez contre les principes tant de fois alleguez, & vous deuez reconnoistre, que si les Armes sont figures de caprice; il n'y a rien en la nature, qui ne puisse entrer dans la composition des blasons les plus illustres. C'est ce que vous auez dit si elegamment en ce mesme lieu, que l'Art du Blason *par vne adresse ingenieuse, & qui surpasse tous les efforts de la Chimie, sçauoit tirer les marques plus glorieuses de l'honneur & de l'estime, des mostres & des disgraces de la nature.* Apres quoy il faut estre biē estourdy pour s'emporter cōme vous faites à trois periodes de la côtre des Blasons, que vous appellez mal conceus, & des images barboüillées, parce qu'il s'y rencontre des marteaux & des enclumes. Reuoyez vos liures, ie vous prie, & quant vous aurez apris que les serpents, lezards, crappaux, & les insectes mesme iusques aux mouches, tauans, Grillets, farfalles, &c. Er pour ne pas oublier vostre mestier & le mien, que tous les instrumens du labourage, & de la musique, comme chariots, socs de charruë, rateaux, pioches, pelles, faux, rustres, violons, harpes, flûtes, sifflets de Chauderonnier. Quant vous verrez, dis-ie, que tous ces instruments sont receus en Armes, peut-estre, ne reietterez vous pas les marteaux qui sont si necessaires, en paix & en guerre.

En effet pour ne parler des enclumes, que ie n'ay point veües en Armes, si vous considerez les marteaux comme instruments de mechanique : ie ne vois pas qu'ils soient tant à mespriser. En cette qualité, ils seruent aux mareschaux, & à cent autres artifans. Le prouerbe fait connoistre l'importance de ceux-là dans les factiōs militaires, faute d'vn clou, vn fer, faute d'vn fer vn cheual, faute d'vn cheual vn homme, & à faute d'vn homme se perd vne bataille, dont s'ensuit la ruyne & la desolation d'vn Royaume. Enfin souuenez vous, que vous auez donné des fuzeaux, & des deuidoirs à nos braues, & vous ne leurs osterez pas les marteaux des mains, quand ce seroit pour forger. Certes, Monsieur, les lys ne filent point, mais on les a bien veus forger, & i'ay leu

M

auec plaiſir, & entendu reciter à ceux qui l'auoient veu, que noſtre Roy Charles neufiéme n'auoit point de plus grand diuertiſ-
ſement que de forger vn fer de cheual, & de l'aſſeoir luy-meſme,
ce qu'il faiſoit auec tant de grace & d'induſtrie, qu'il donnoit de
l'admiration à ceux-la meſme qui en faiſoient meſtier. Tant y a
qu'il auoit fait edifier vne forge dans la Cour du Louure, où il
forgeoit & battoit le fer de ſes Royales mains.

Le Seigneur de Giury du nom & des Armes d'Anglurre
auoit vne paſſion non moins genereuſe & martiale que ce Prince,
qui eſtoit de forger vn roüet de piſtolet ou d'arquebuſe, Armes
fort neceſſaires à la caualerie legere, dont il eſtoit Colonel. Mais
ces exemples quoy que ſignalez ne vous toucheront peut-eſtre
pas tant que celuy d'Alphóſe premier, Duc de Ferrare, qui ne s'a-
muſoit pas à de roüets de carabine, ou de piſtolet, il auoit logé
ſes inclinations plus haut, & s'eſtoit addonné à l'artillerie auſſi
bien que vous, de maniere qu'il faiſoit toutes ſortes d'affuts de canon, ce qui ne ſe pouuoit pas faire ſans maillets & ſans marteaux.

Voila, Monſieur, ce que vous pouuiez obſeruer touchant ces
inſtruments, en tant qu'ils ſeruent aux mechaniques. Que ſi vous
les conſiderez comme des Armes de noſtre ancienne milice, vous
les verrez eleuez à vn bien plus haut degré d'honneur & de gloire. Le grand Charles, tige premiere de nos Carlouingiens, a eſté
appellé Martel de ce genre d'Armes duquel volontiers il ſe ſeruoit en guerre. Et ſi nos Conneſtables, dont vous n'ignorez pas
le credit & l'authorité dans l'Eſtat, l'ont bien voulu porter pour
marque de leur dignité, qui a-t'il de plus illuſtre, de plus glorieux
& de plus digne de nos Armoiries? Le Fauſſart, dont Matthieu de
Montmorency fit tát de merueilles à la bataille de Bouines, eſtoit
vn de ces marteaux, d'autant plus neceſſaires en ce temps, que nos
Gendarmes eſtoient couuerts de fer depuis la teſte iuſques aux
pieds, à raiſon dequoy noſtre Froiſſart M. S. les appelle toûjours
armures de fer, de ſorte qu'il les faloit charpenter & aſſommer à
coups de maſſes, comme le Cenée de la fable, ou comme ces Autunois dont nous parlions tantoſt.

Il ne faut donc plus s'eſtonner ſi quantité de bonnes familles
de

de France,& d'ailleurs en portent le nom & les Armes, comme
les Seigneurs de Fontaines & de Baqueuille en Normandie, qui
se flattent de la parenté du grand Martel. Il y en a vne autre
en Dauphiné qui porte ce nom dont les Armes ne sont pas
equiuoques. Comme au contraire il s'en trouue plusieurs autres, qui en ont les Armes sans en porter le nom. Ceux d'Ancien-
uille en Beausse sont de ce nombre. Les la Farge en Auuergne de
mesme, dont le nom témoigne que leurs marteaux tiennent plus
de la forge que de la milice;ce qui me fait souuenir des Sargettes
de la Colombiere,qu'il represente comme des Brochoirs de Ma-
reschal & me fait croire, qu'il faut lire Fargettes dans le Liure de
Grenoble,duquel il les a empruntées. Quoy qu'il en soit,nous ne
manquôs pas de marteaux & de maillets en Armes.Gilbert de Va-
rênes vous en a donné plusieurs.Et il y a lieu de s'estôner,qu'ayât
fait vne bibliotheque des seuls Auteurs du blason,vous n'y ayez
pas remarqué l'estime qu'ils font de cettuy-cy. Mais que vous
l'ayez condamné,c'est ce que ie ne pourrois pas comprendre, si ie
n'auois cent exemples de vostre precipitation en diuers lieux de
vostre ouurage. Ie n'iray pas loing pour en faire la preuue. Ie ne
sors point de vostre Preface,où vous pestez côtre les Trefles & le
Genest,& rangez parmy les infamies les choses mesmes dont nos
Roys ont fait leurs delices,& les instrumens de leur gloire. Rou-
gissez donc si vous pouuez M. M. & apprenez que les genests ne
sont pas tant infames que vous vous estes imaginé,puisque nostre S.Louys en a bien voulu faire vn Ordre de Cheualerie, dont
le Colier d'or estoit entrelassé des cosses & du fruict de cette noble plante,toûjours belle,toûjours riante, & toûjours agreable
par cette gaye verdeur, dont elle est perpetuellement reuétuë.

Or encores que ceste plante arborescente soit tres vtile à raison
des diuers ouurages que l'on en faict, & entr'autres des souliers
de corde, que le Roy de Nauarre Dom Sance Abarca voulut
bien mettre dans ses armes, ie ne vois pas pourtant que ny la
plante, ny la fleur soient fort communes en armoïries, & pour
vous dire tout simplement ce que i'en ay appris, ie ne scache que
la seule maison de Genas, originaire de ce lieu de Lyonnois qui

s'en

s'en foit armée. Elle porte d'argent à vne plante de Geneſt di-
uerſement entrelaſſée de ſinople, eſcartellé de gueulles, à vn
Aigle d'argent. Et ainſi ie ne vois pas qui auroit peu emouuoir
voſtre bile contre vn Blaſon tant rare, ou contre cette illuſtre
plante qui en eſt le principal ornemēt. Mais quāt il ſeroit plus fre-
quēt, & que cette maiſon de Genas autresfois puiſſante en biens,
& en honneurs poſſederoit aujourduy des Comtez, Marquiſats,
& Duchez, qui luy dōnaſſent droit d'orner ſes Armes du Cercle,
Chappeau ou Couronne quel inconuenient y auroit-il? Et que
trouuez vous en cette plante qui la rende inferieure à la vece des
Babous, aux feues des Fauas, au chanvre des Valpergues, aux
chardons des Ducs de Cardonne, à la ruë des Ducs de Saxe, à la
fougere des Princes d'Antioche, aux orties des de Lugo, ſans parler de toutes ſorte de feüilles, de houx, de cheſne, de pas d'aſne,
&c. qui ſe rencontrent en Armes.

Aduoüez la verité, vous eſtiez de mauuaiſe humeur lors que
eſcriuiez cecy, & cette facheuſe cōjonĉture à eſté cauſe que vous
vous en eſtes pris aux trefles que vous traitez auec autant d'inci-
uilité que le Geneſt, au preiudice de quantité de maiſons l'Illu-
ſtriſſimes qui ont tenu à honneur d'en parſemer leurs Bannieres, Eſcus & cottes d'Armes.

Celle de Clermont en Beauuoiſis, tant celebre dans noſtre
hiſtoire ſous les noms de Clermont, Neelle & Offemont en vault
toute ſeulle vne centaine d'autres. Ayant donné à la France vn
ſi grand nombre d'Officiers de la couronne, que c'eſt merueille
qu'vne perſonne ſi ſtudieuſe n'en ait eu quelque connoiſſance.
Raoul de Clermont Conneſtable fut tué à la funeſte bataille de
Courtray. Iean de Clermōt Mareſchal de France mourut à celle
de Poictiers, ce que Froiſſart n'attribue pas tant au ſort des armes
qu'à la querelle qu'il eut deuāt le cōbat auec Ieā Chādos Anglois
à l'occaſion de leurs deuiſes, qui par haſard ſe trouuerēt ſemblables, tant il eſt veritable que les armes & deuiſes dependent plus
du caprice que d'autre choſe. Tant y a que ce rencontre, vous auroit donné dequoy remplir vn chapitre du traiĉté que vous aués
tout preſt ſur ceſte matiere des deuiſes, ſi vous auiés voulu prendre la peine de lire cet auteur.                           mais

Mais puis qu'il eſt principalement queſtion du Blaſon de cette Famille de Clermont-Neelle, nous le decrirons icy. Il eſt de gueulles ſemé de trefles d'or a deux Bars adoſſez de meſme. Ce qui eſt ſi beau, que quantité de Familles illuſtres l'on fait reuiure dans leurs Armes apres l'extinction de celle de Clermōt Iacque de Villiers Preuoſt de Paris, Frere de Iean Mareſchal de France & Cheualier de la Toiſon, en la maiſon duquel celle là eſtoit fonduë, en eſcartella ſes Armes. Le dernier Conneſtable, de Montmorancy heritier d'Anne, à qui tous les biens de ces deux maiſons eſtoient eſcheus ; ce Conneſtable dis-ie qui n'a- uoit qu'vn ſeul fils de ſa premiere femme voulut bien qu'il por- taſt le tiltre de Comte d'Offemont, & pour Armes, de Mont- morency chargé en cœur de Neelle Offemont, d'autant que cette terre eſtoit de l'heritage de Clermont-Neelle. Le Mareſ- chal de S. Luc Cheualier des deux Ordres, en eſcartella auſſi ſes Armes a raiſon de quelque alliance.

Que vous en ſemble ces exemples, ſuffiroient ils pas pour def- fendre l'hōneur des trefles, & de ceux qui les portent? Il y a bien de l'apparance. Mais comme vous ne vous rendes pas au premier coup, ie vous en apporteray encore quelques autres qui ſont aſſez capables de faire honneur aux trefles. L'Illuſtre maiſon de Birague qui eſt tout ce qui reſte a la France, de ſes conqueſtes du Milannois, porte d'argent a trois faſſes bretecées à double de gueules, chargées de trefles d'or ſur les pignons. Les Montaignes de Gaſcongne, de gueules ſemé de trefles d'or à vn pied de Grif- fon de meſme, mouuant du ſecond Party: Nous en auions ils n'y a pas long temps vn Eueſque de Bayonne, parent de Mi- chel homme celebre, & autant Illuſtre par ſes doctes eſcrits, que par ſon extraction. Montendre, de gueules ſemé de trefles d'or au lion rampant de meſme. Nous en auons pluſieurs autres tres- conſiderables, en la prouince de Dauphiné qui portent des trefles comptez. Les la Faye, il y en à eu deux Abbez de Saint Ruf Chef d'Ordre, le dernier eſt encore viuant ce qui m'empeſche de dire ce que ie ſçay de cette maiſon qui eſt tres-bonne, il portent de gueules à trois trefles d'or.  Les Reuol, il y en auoit vn Eueſ-

N

que d'Aurenge, il y a plus de trois cents ans, & de nos iours vn Secretaire d'Eſtat, ils portent d'argent à trois trefles de ſinople. Les Miſtrals dans la meſme Prouince, d'Azur à vn Cheuron d'or chargé de trois trefles de ſinople.

Il ſeroit aiſé d'en faire icy vn plus long Catalogue, mais ie me reſtraints à deux familles, dont le luſtre & l'éclat obſcurcit la lumiere de toutes les autres. La premiere eſt des Bellieures, originaires de voſtre Ville, qui portét d'azur à vne face d'or, accompagnée de trois trefles de meſme, deux en chef, & vn en pointe. Trefles glorieux, certes, quoy que vous diſiez, & à qu i iamais perſonne n'enuia l'honneur, & la gloire qu'ils ont euë de ſe voir ornez & reueſtus de la pourpre, & de l'hermine, ſur tout en la perſonne de Pompone, premier du nom, Chancellier de France, fils de Claude, premier Preſident au Parlement de Dauphiné, & grand pere de Pompone ſecond, premier Preſident au Parlement de Paris mort en la fleur de ſon âge, & en vne reputation, qui ne dementoit point ſon origine.

La ſeconde, eſt celle des du Prat Nantoüillet, qui porte d'or à vne face de ſable à trois Trefles de ſinople, dans laquelle vous auez peu remarquer Antoine, premier Preſident, Chancellier, Cardinal, Legat *à latere*, Archeueſque de Sens. Deux autres Antoines, Preuoſts de Paris, dont le dernier eut l'honneur d'eſtre enuoyé en Angleterre pour aſſeurance du traité du Cateau Cambreſis en ce qui regardoit cette couronne. Et enfin le grand & magnifique Eueſque de Clermont Guillaume du Prat, qui a tant fait de bien dãs ſon Dioceſe, que la memoire en durera eternellement. Vous aymez les Deuiſes, & en faites amas ; ie vous veux donner la ſienne, que peut-eſtre vous ne ſçauez pas. Elle eſt tirée du premier Pſalme de Dauid, verſ. 4. *Et folium eius non defluet.* Oracle indubitable de la couronne immortelle de gloire qu'il s'eſt acquiſe en ce monde icy, & en l'autre, par la conſtruction, dotation & fondation de tant de beaux Hoſpitaux, Monaſteres, & autres Lieux ſaincts par luy dediez & conſacrez au ſeruice de Dieu, & du public dans tout ſon Dioceſe. Mais tout cela n'eſt rien au prix de ce qu'il a fait pour le Royaume en general,

ral,

ral, qui luy eſt redeuable de tout le bien qu'il a receu, & qu'il reçoit iournellement des Reuerendiſſimes Pères Ieſuites. En effet
c'eſt ce grand Prelat, qui les luy a amenez du Concile de Trente, où il eut le bon-heur de les connoiſtre. C'eſt luy meſme qui
les a logez, meublez, & dotez auec vne magnificence, digne, de ſa
pieté & de ſon zele dans les villes de Billon, & de Mauriac en ſon
Dioceſe. C'eſt luy enfin qui les a eſtablis dans la Capitale du Royaume, leur ayāt cedé ſon Hoſtel de Clermōt, en la ruē de la Har-
pe, & trois mille liures de rente, d'où depuis ils ſe ſont trāſferez en
la maiſon dite vulgairemēt la Cour de Langresruē S. Iacques, auiourd'huy appellée le college de Clermōt en memoire de cet illuſtre Prelat. Que ſi apres tout cela, vous ne ſçauriez auoir la moindre petite complaiſance pour le blaſon de tant de grands hommes, & que leurs trefles ne puiſſent paſſer en voſtre eſprit, que
pour des infamies, quel peut-eſtre le priuilege de ie ne ſçay quels
Chaillots, en faueur de qui vous introduiſez ces meſmes trefles
dans le Temple de l'honneur, c'eſt ainſi que vous appellez vôtre
liure, & d'où vient que n'y ayant put ſouffrir ceux de qui nos Roys
ont couronné le merite, ( car vous n'exceptez qui que ce ſoit, )
plus puiſſant que les Souuerains, vous-y receuez des perſonnes,
dont le nom & la famille ne ſont pas preſque connus, tant s'en
faut qu'ils approchent de la dignité, & de l'excellence de ceux
que vous auez notez & fleſtris en tant qu'en vous eſt par voſtre
indiſcretion.

Voyla Monſieur vn petit eſchantillon des retractations que
vous auez à faire, car ie ne traite pas les choſes à fons. Vous vous
en aquitterés mieux vous meſmes, comme vous me le faictes eſperer. C'eſt pourquoy ie reprens la ſuitte de voſtre lettre, ou vous
me donnez vne eſtráge nouuelle. Que le *Manchon* des armes de
Villiers ſe treuuera vn Fanon, ce qui ne ſe peut faire, ſans quelque
miracle des terreaux, mais quoy qu'il arriue. Il ne peut y auoir
que de la confuſion pour vous. En effet ſi ce *Manchon* de Villiers
deuiét vn Fanon, que vouliez vous dire en la page 409. de voſtre
liure, ou vous enſeignez que la *Deſtrochere* de cet eſcu de Villiers
eſt vne pante de manche que les femmes portoient autrefois. Or

ſi ceſte pente de manche ſe trouue vn Fanon ou Manipule , qu¹
eſt vn ornement Eccleſiaſtique , voudriez vous dire que les Dia-
coniſſes de la primitiue Egliſe ſe ſeruiſſent de Fanons dans leurs
miniſteres, comme nos Diacres & Soudiacres ? Vous vous en ex-
pliquerez quand il vous plaira, & cependant, ie m'efforceray de
vous monſtrer que la piece dont eſt queſtion dans les armes de
Villiers eſt vn Manchon ou bout de manche , & qu'elle n'eſt, &
ne peut eſtre vn Fanon ou Manipule, encore que tous ceux qui
ont eſcrit des armes depuis Iean le Feron l'ayent repreſentée en
ceſte forme.

Ie dis que c'eſt vn Manchon ou bout de manche des anciens,
dont la couſtume eſtoit de porter les manches de leurs robbes,
plus longues que le bras, comme il ſe pratique encore aujour-
d'huy en Italie, & en France, & de les laiſſer pendre au deſſous du
poignet, ou de les retrouſſer ſur le bras, ſe qui ſe juſtifie par les
anciennes peintures, & par le chap. 45. du Concile de Conſtance
auquel ces ſuperfluitez qui auoiét paſſé iuſques aux Clercs furét
condamnées & defenduës. Or que la piece de queſtion en cet eſcu de Villiers ſoit de ceſte nature , il ſe collige de ce que le bras
eſt reueſtu d'vne meſme eſtoffe, que celle de la piece qui pent au
deſſous, c'eſt à dire d'vne manche coupée & pendante d'hermines, ce qui ne ſeroit pas neceſſaire, ſi ce pendant eſtoit vn Fanon
ou Manipule.

Ie monſtre dailleurs que ceſte piece ne peuſt eſtre vn Fanon
ou manipule, d'autant qu'elle eſt au bras droit. Ce qui ſuffit pour
vous cóuaincre de la verité de ce que nous auons dit; à quoy con-
tribuera beaucoup la connoiſſance de l'vſage de ceſte piece qui
ne ſert plus aujourduy que d'ornement. Nous apprenons donq de
tous les Auteurs qui ont eſcrit des Offices Eccleſiaſtiques, que
ce qui eſt maintenant appellé Manipule, eſtoit autrefois vn mou-
choir, *ad extergendam pituitam & oculorum lippitudinem.* Voyla
pourquoy il eſtoit auſſi appellé *Mappula*, cóme nous apprenós du
Regiſtre de S. Gregoire, ou ie remarque que ces Mappules n'e-
ſtoient permiſes qu'aux ſeuls Diacres de l'Egliſe Romaine. Quoy
qu'il en ſoit, ce que l'on appelloit a Rome *Mappula,* les François

&

& Alemans le nommerent, Fanon, d'vn nom de leur pays assez
conforme à cettuy-là. Car ce terme Fanon, en Aleman signifie
vn Drappeau, ce qui est bien plus propre pour nettoyer les
yeux qu'vne piece de fourrure ; De là vient aussi que nos enseignes militaires, qu'on appelloit autresfois, Fanons & Confanons
sont encores aujourd'huy nommez Drappeaux. Ce qui faict voir
que vous estes bien de vostre Pays, lors que vous dites, que ce
mot Fanon, signifie *vn Pendant*, & que pour cela la peau, qui
pent sous la gorge des bœufs s'appelle vn Fanon. Car s'il est ainsi
que ces peaux soient nommées Fanons comme dit vostre Nicot,
c'est plûtost par ce qu'elles ressemblent à vne piece de drap ou de
toile, qu'à cause qu'elles descendent en bas. Ce que l'on pourroit
aussi bien dire de la queüe de ces animaux que de cette partie de
leur corps, appellée en Latin *Palearia*.

Au reste ie vous redoute fort peu, pour ce que i'ay escrit des
Armes des anciens Seigneurs de la Vallette en forez, dautant que
ie n'en ay parlé que sous condition, au moyen dequoy ma coniecture est hors d'atteinte. Mais si ie prenois la peine d'examiner
les vostres i'en trouuerois bien de plus mal tirées, & en bien
plus grand nombre. Vous vous contenterez de celles cy que
vous r'habillerez à la prochaine edition.

Vous escriuez que la Ville de Reims porte vn Oliuer en ses
Armes, pour marque de l'huile celeste de l'onction de nos Roys,
dont elle est depositaire, c'est vostre coniecture, & la verité est,
que les Armes de cette Ville sont équiuoques & parlantes, &
qu'elles ont esté dressées sur son nom, lequel comme il est pro-
noncé signifie des Raims i. e. rameaux ou rainseauls. En Picardie
& Champaigne on appelle vn rameau vn raim, de *Ramus*, vn Ha-
meçon vn Haim, de *Hamus*, &c. Le Seigneur de Beauraim en
vulgaire s'appelle, *De Bello ramo*, dans les tittres. Et ne sert de
dire que Reims vient de *Remi*, & non de *Rami*. Vous estes
Lyonnois, & deuez sçauoir que la ville de Lyon ne se dit pas *Leo*
en Latin, celle de Leon en Espagne non plus. On n'appelle pas
aussi la Prouince de Galice au mesme pays *Calix*, ny la Ville &
Comté de Rhetel *rastrum*. Et neantmoins les Villes de Lyon, &

de Rethel, & les Prouinces, ou Royaumes de Leon, & de Galice ont receu des Armes de ces noms vulgaires, bien que les Latins en soient fort esloignez.

Ce que dit Leunclauius des Frangipanes de Rome, & de l'origine de leur nom, est memorable à ce propos. Il rapporte, que ces Seigneurs ayans passé de Rome en Dalmatie, les habitans du pays voyans leur equipage qui estoit magnifique s'escrierent en leur langue, *Franki-pani, Franki-pani* ; c'est à dire, *Domini Franci* ; Ce qu'ayant esté depuis corrompu en *Frangipani*, on leur auroit forgé là dessus des Armes equiuoques, qui sont d'azur à deux lions affrontez d'argent, ( le Roy d'Armes dit deux mains, ) rompans vn pain en deux pieces, d'or : comme si quelqu'vn de cette Famille auoit merité ce nom & ces Armes pour auoir fait de grandes aumônes, & distribué grande quantité de bleds, & de pain dans vne grande famine.

Vous faites aussi vne fort solide coniecture sur le nom & les Armes de la famille imaginaire de *Ressis*, que vous croyez estre vne *Scie*, laquelle cette famille auroit prise pour faire allusion au nom de *Ressi*, qui signifie vne Scie en Dauphiné, d'où vous pretendez qu'elle soit issuë. Ce qui est impertinent en toutes manieres : car en premier lieu, il n'y a point de maison en Dauphiné, qui porte ce nom de Ressis. La terre mesme de Ressis est situëe en Beaujollois. Secondement les Seigneurs de cette terre s'appellent *de Salemart*, famille ancienne de quatre cents ans ; & ce vous est vne faute assez ordinaire, de confondre le nom de la terre auec celuy de la famille. Ainsi vous prenez *Sainct Vallier* pour *Poictiers*, dont vous auez corrompu les Armes, elles sont d'azur à six Bezants d'argent au chef d'or, *Balleure*, pour *Sainct Iulien*, *Sourdis* pour *Escoubleau*, l'Escherene pour *Chabodi*, où vous faites deux erreurs. Car la maison des Chabods, n'est pas celle de l'Escherenne, bien qu'elle en ait possedé la terre. Et l'Escherenne n'est pas celle des Chabods. Et ny l'vne, ny l'autre ne sont estaintes, comme vous auez dit. La maison de *Chabodi* subsiste encore auiourd'huy, & le Sieur Marquis de sainct Germain, Plenipotentiaire de Sauoye en l'Assemblée

blée de Munster en tient l'Aisnesse. La Maison de l'Escherenne d'vn autre costé est encores sus pieds en la personne du second Presidēt de la Chambre des Comptes de Sauoye, du nom & des Armes de l'Escherenne. Conclusion, ce que vous pretendez estre vne Scie en l'Escu des Salemars, Seigneurs de Ressis, est vne ban-engreslée des deux costez, ce qui ne passera iamais pour vne Scie, ou vna Ressi en François, ou Dauphinois : car, comme vous sçauez, nos Scies ne sont pas engreslées, ains endentées, & d'vn seul costé, comme les faces de l'Escu de Cossé, qu'on appelle aussi feüilles de Scie. Et l'Escu de Salemard, afin que ie vous die cecy en passant, est couppé d'argent, & de Sable à vne bande, engreslée de l'vn en l'autre.

La coniecture que vous faites sur le nom de *Mellusine*, n'est pas moins docte. Vous dites, que ce nom auroit esté forgé & attribué à vne Dame de Poictou, parce qu'elle possedoit les terres de Melle, & de Lusignam. Et nous apprenons de l'Historien des Comtes de Poictou que ces deux terres, ne se sont iamais trouuées vnies dans vne mesme Famille, comme il ne se trouue aucune Dame de la Maison de Lusignam, qui ait porté le nom de Mellusine. Secondement, que ce nom a esté corrompu de celuy de *Melisende*, commun anciennement, la Comtesse de Rhetel, Mere de Baudoüin de Bourg, Roy de Hierusalem, & la fille de ce Baudoüin, femme de Foulques, Comte d'Anjou, & Roy de Hierusalem, à cause d'elle, s'appellerent ainsi. Et enfin que de ce nom de Melissende l'on a fait Melissent & Mellusine, ce qui a esté aussi remarqué par Mesnage, & par le P. Labbes en l'edition de l'ancien Liure des lignages d'outre-mer.

Ce que vous auez dit des couleurs des Nations dans les Croisades est vne beueüe de la Colombiere, & vne imprudence de celuy, qui la pillé, sans le citer. Vous vous estes donc trompé, aussi bien que luy, d'auoir figuré ces Croix sur les couleurs modernes affectées à ces nations. Si vous auiez bien leu l'histoire, vous auriez apris, que la couleur vermeille en general estoit celle des voyages d'outre-mer, & des croisades de la Terre Saincte, accordée aux François par preference, parce qu'ils ont esté les premiers

Auteurs de ces grandes entreprises , où ils ont toûjours si bien fait , qu'ils en ont remporté la principale gloire au iugement des amis & des ennemis , si bien que les Orientaux appellent encore aujourd'huy tous les peuples de l'Occident Franchi, ce qui n'a point donné de ialousie à tous leurs concurrents dans ces entreprises , comme nous l'apprenons du recueil historique des guerres sainctes, imprimé en Allemaigne sous ce tiltre glorieux à la France *Gesta Dei per Francos.* Les Anglois à qui vous donnez le iaune, portoient le blanc, qui a depuis esté la couleur de France hors les croizades ; car l'Oriflamme principale enseigne de France estoit vermeille , semée de fleurs de Lys d'or, & frangée de vert. Et comme les François portoient le blanc hors les Croisades , ceux-cy de mesme dans leurs pays portoient le rouge , qui prenoient le blanc dans les voyages de la Terre saincte , comme a remarqué Rouger de Houdan. Ce qui arriua à Bayonne du temps de Charles septiéme est memorable à ce propos : car vne Croix blanche ayant apparu au Ciel , sur le poinct de la reduction de cette place en l'obeyssance du Roy , les Bourgeois de cette Ville osterent leurs pennons & bannieres aux croix rouges, disans, que Dieu vouloit qu'ils fussent François , & portassent la Croix blanche. Des Italiens à qui vous attribuez le bleu, ie n'en ay rien leu. Quant aux Espagnols, vous deuinez sans doute : les Nobles d'Espagne n'ont iamais fait corps considerable dans ces voyages, ce qui ne deroge point à la valeur de cette braue nation, la raison en est euidente. Du temps de Godefroy de Boüillon , & plus de deux cents ans deuant & depuis l'Espagne, estoit occupée par les Maures, & les persecutions que les Chrestiens y souffroient , estoient vn suiet particulier de Croisades, qui ont attiré quantité de braues Gentils-hommes en ce pays, où les biens faicts des Roys de Castille & d'Aragon les ont arrestez.

C'est du mesme la Colombiere que vous auez appris , que les diuerses partitions de l'escu, sont des marques de coups d'espée receus dans le combats : Et comme vous estes mauuais changeur, vous n'auez pas seulement donné cours à cette fausse monnoye,

noye, mais vous y auez encore adiouté vne nouuelle alteration de voftre creu. Vous dires qu'il n'eft gueres d'efcuts taillez, d'autant que les feuls Gauchers peuuent faire de tels coups ; ne confiderant pas , que le cofté gauche de nos Aduerfaires, ref-pont à noftre droicte. Et ainfi que les droictiers ne peuuent trancher l'efcu oppofé felon noftre façon de parler Armorialle, s'ils ne frappent a reuers. De maniere que s'il y à plus de droictiers que de gauchers, comme vous auez dit, il y auroit beaucoup plus d'efcuts taillez que de tranchez. Et qu'ainfi ne foit , voyez vn beau coup de Godefroy de Boüillon, rapporté par vn de nos Hiftoriens de la Guerre Sainte en ces termes. *Dux irâ fuccenfus vehementi , Amiraldi tali modo amputat ceruicem. Enfem eleuat eumque à finiftra parte fcapularum , tanta virtute intorfit , quod pectus medium difiunxit fpinam & vitalia interrupit. Et fic lubricus enfis* fuper crus dextrum *integer exiuit.* Vous me direz peut-eftre que le Duc eftoit gaucher, ou qu'il frappa cét Amiral par derriere. Mais quoy que vous difiez, vous ne nous perfuade-rez iamais que ces partages d'Efcus viennent de là. Et fi vous dó-niez autant au rayfonnement qu'à la paffion vous adüoueriez que la couftume ancienne de porter des habits couppez, tran-chez , tailles & bigarez de couleurs differentes à donné occafion de reprefenter les mefmes partages & bigarrures fur les Efcuts couuerts, & houffez des mefmes eftoffes de leurs robbes, & Manteaux ou de partie d'iceux bigarrez & diuerfifiez felon la couftume du temps. Iay prouué cette couftume ez habits par le tefmoignage, & autorité des Hiftoriens du temps, qui font des Romans à voftre compte. Or fi l'Hiftoire de Charles VI efcrite par vn Archeuefque homme treffage , eft vn Roman pour vous; fi l'Hiftoire de Froiffart tant eftimée des eftrangers qu'ils ont bien pris la peine de la tourner en Latin ; fi cette Hiftoire dis-je eft vne fable , peufteftre aurez vous quelque refpect pour les Conciles, & Decrets des Saint Peres qui deffendent aux clercs, l'vfage des habits partis , couppez, efchiquettez, &c. Marque euidente que cette couftume eftoit fort vniuerfelle puis quel-les s'eftendoit iufques aux Clercs. I'ay rapporté la queftion que

P

fait le Preſident Aufrere touchant les Capitoux de Tholoſe , i'y adiouteray le ſentiment de *Ioannes Galli* en ſes Arreſts,q.45. ou il decide que la connoiſſance des differens qui naiſſent du Decret du Concile de Vienne touchant les habits , appartient à la Cour ſeculiere,& que c'eſt à elle a iuger ſi vn chaperon party eſt vn habit clerical ou non , *& ſic de Gippone & veſtibus ſciſſu & de caligis vna viridi & altera rubea.*

Voyla pour ce qui concerne les habits dont les liurées ont, paſſé aux Eſcus. Car comme ils eſtoient de bois ſimples & ſans façon , on les couuroit de houſſes bigarrées comme dit eſt, pour les rendre plus pompeux. Et afin que vous ne me reprochiez pas les Romans ſans cauſe. Ie rapporteray icy vn lieu de Lancelot du Lac qui eſt formel pour cela. C'eſt en la premiere partie ou l'Auteur obſerue que de ſon téps les cónoiſſances des Eſcus, c'eſt à dire les Blaſons ne ſe faiſoiét que de Cordoüan ou de drap. Il dit de ſon temps, car il y a preuue qu'il s'en eſt fait auſſi de draps de ſoye de Broderie, & treſſouuent de Fourrures. Ou vous noterez que pour faire cez houſſes, & couuertures, on n'alloit pas chez le Fourreur ou chez le Marchand de Soye. Mais on faiſoit apporter de la Garderobe l'Habit le plus riche , & le plus pretieux qu'on eût,&on le decoupoit pour en faire des Bánieres, Pennós, Cottes d'Armes,couuertures d'Eſcuts,ſelon l'exigéce du cas. Cóme il eſt eſcrit du Seigneur de Coucy , &c. chez Iean le Feron, à qui ie cómence a donner creance,depuis que i'ay leu dans Froiſſart que ces Seigneurs de Coucy ont eu d'autres Armes que celles qu'ils prirent en l'occaſion dont parle le Feron, dautant plus croyable que la plus part des Hiſtoriens de la Guerre Sainte , remarquent preſque la meſme choſe de Boemond Prince de la Poüille. Lequel apprenant qu'n deluge de croiſez s'en alloient en la terre Sainte , il quitta d'abord le ſiege de Melphes ou il eſtoit pour les ſuiure , & faiſant apporter promtement , la plus precieuſes de ſes robbes , il en fit faire autant de Croix qu'il peut pour les coudre ſur ſes eſpaules , & de ceux de ſa Nobleſſe qui le voulurent ſuiure. Tant y a , que c'eſt de là , que ſont venus les lions de brocatel d'or, d'argent, d'hermines, ou de vair,

les

les croiſſans, engemmes, fleurs de Lys, Bezants, le tout d'hermines, couſus & appliquez, ſur les houſſes des Eſcuts, dequoy
qu'elles fuſſent, de ſoye, de drap, ou de Cordoüan, comme a
dit Lancelot. Et pour vous conueincre que les Romans & l'oëtes parlent ſelon la mode du temps, i'adjoûteray icy ce traict de
la Chronique de Flandres, où vous verrez que le Duc de Bourgongne changeant de Cotte d'Armes auec Guillaume des Barres, il garda les couuertures de ſon Eſcu, c'eſt à dire, la Houſſe,
bandée d'or & d'azur, à la bordure de gueules, ce qui eſt confirmé par trente lieux de la Marche, liure 1. de ſes memoires, où
ie remarque, que la Houſſe de l'Eſcu eſt toûiours ſemblable à la
Cotte d'Armes.

Les anciens Allemans n'y mettoient pas tant, de façon, il ſe
contentoient de peindre leurs Eſcuts *lectiſsimis coloribus*, ce que
vous ne pouuez pas entendre de l'Email propre, qui eſt d'vne ſuſtance minerale, & ne ſe peut bien appliquer que ſur les metaux;
tant s'en faut que ces Ecuts de bois en ayent eſté capables. Ce qui
ſoit dit en paſſant, pour reſpondre à ce que vous m'objectez, page
114. de l'Art pretendu, que les habits & Cottes d'Armes ne
ſont pas ſuſceptibles des Emaux, ce que l'on vous accorde, ſi
vous prenez l'email à la rigueur. Mais ſi vous entendez par ce
terme les diuerſes couleurs vſitées en Armes, ie n'y voy aucun
inconuenient. En effet, il a eſté prouué ailleurs, que les couleurs, metaux, & pennes receuës en Armes, ne viennent que des
habits. Et vous deuez ſçauoir, qu'on ne s'eſt point ſeruy de cette façon de parler abuſiue, que depuis Philippe Moreau, qui en
a introduit l'vſage, pour éuiter la frequente & ennuyeuſe repetition de ces termes, Couleurs & Metaux, Metaux & Couleurs,
importune à ceux qui ayment la politeſſe, & la cherchent en vn
Art qui n'en auoit point eu iuſques à luy. Car pour Iean le Feron vous m'excuſerez, ſi ie vous dis, que vous ne l'entendez
pas, ce qui vous arriue aſſez ſouuent, liſez-le plus attentiuement
& vous verrez que l'émail dont il parle en la page ſoixante-neuf,
n'eſt pas vne couleur de blaſon, mais vn blaſon complet, que
les Heraux portoient pour marque de leur office. L'Ordonnan

ce

ce mefme veut que les Sergẽs en portẽt pour les rendre inuiolables dans les fonctiõs de leurs charges. Ie lis dans Froiffart, qu'vn
Heraut Anglois portoit vn Email des Armes d'vn Seigneur Por-
tugais, qu'il nomme de Portech, duquel il auoit receu beaucoup de faueur. Conclufion, l'Email differe des couleurs qui
entrent dans le Blafon, comme le tout de fa partie, de maniere
que l'Email contient les couleurs & metaux dont le Blafon eft
compofé, là où le blafon mefme, quoy que parfait, ne peut eftre
Email, s'il n'eft figuré fur quelque medaille ou platine d'or, d'argent ou de cuiure, tant s'en faut, que les couleurs & metaux pris
feparément, puiffent porter le nom d'emàil, au fens de Iean le Feron, au lieu allegué.

Cette matiere des Efcuts me fait fouuenir d'vne remarque
fort curieufe que vous auez faite en l'Abbaye de la Luzerne en
Normandie, où vous auez veu vne efpée couuerte d'vn Efcu
fur vne tombe, ce qui denote dites vous, que cette tombe eftoit
d'vn Cheualier ; C'eft voftre coniecture, car de preuue vous ne
fçauez que c'eft. Et la verité eft, que comme l'Efcu & l'Efpée
font armes communes aux Cheualiers & Efcuyers, auffi la marque en eft fort equiuoque. Il y en auoit donc vne autre plus certaine & plus fpecifique, qui eftoient les efperons dorez *vnde
Equites Aurati* en Alemaigne, & en Italie. Et à cette marque l'on
difcernoit le Cheualier de l'Efcuyer. L'hiftoire remarque, que
la Ville de Courtray fut rafée, parce que l'on trouua dans l'Ho-
ftel commun de cette Ville plus de cinq cents paires d'efperons
dorez, d'autant de Cheualiers tuez à la funefte bataille, appellée
de Courtray. Vn hofte de Gafcongne, qui fçauoit bien cette
couftume, difoit à de pauures Cheualiers defmontez, qui en prenoient la qualité fans en auoir le Caractere : Hé ! Meffieurs où
auez vous laiffé vos efperons dorez. Et ailleurs d'vn Seigneur,
dont il ne me fouuient pas *fi regarda faire les Cheualiers nouueaux*, & leur remontra qu'il eftoit à celle heure lieu & tẽps *de
gaigner honorablement leurs efperons dorez* ; c'eft chez la Marche.
fi ie ne me trõpe. Enfin nous aprenõs de l'hiftoire de Charles VI.
que l'Empereur Sigifmõd voulàt fuppleer de droict & equité, ce
qui

qui manquoit à Guillaume Signet, pour rendre sa cause indubitable il le fit Cheualier en l'Audiance se faisant oster vn de ses Esperons qu'il chauffa sur le châp à Signet. Car pour habiller vn Cheualier, le prouerbe dit que l'on commence par l'Esperon, & que l'on finit par l'Escu: tant il est veritable que la propre marque du Cheualier est l'Esperon d'or ou d'oré, & non l'Espée ou le Bouclier.

Ie vous trouue encore fort subtil en la page 204. où vous prenez la Genealogie de Iacque de Lalain pour sa deuise. Dequoy vous deuiez estre conuaincu par les propres termes de vostre Auteur qui sont tels. *Cestui Cerf* ( que vous prenez pour le corps de cette pretenduë deuise ) *portoit seize cors, & a chacun cor auoit vne Banniere dont estoit issu ledit de Lalain, & dont les deux premieres furent du pere qui estoit Chef & Seigneur de Lalain, & l'autre de Crequi du costé de la Mere. Ainsi monstra ledit de Lalain trente deux Bannieres dont il estoit issu directement du Pere, & de la Mere, sans entremesler entre les deux Mariages aucune alliance d'autre Nature & condition, fors toujours de Banniere en Banniere.* C'est ainsi qu'en parle la Marche au lieu par vous cité. Que si vous me demandez, pourquoy ce Gentil-homme auroit exposé sa Genealogie en cette occasion. La response est qu'il s'agissoit lors d'vn pas d'Armes, où personne n'estoit receu, de part & d'autre qu'il ne fut reconu Gentil-homme de nom, & d'Armes à raison dequoy, les Blasons des vns & des autres estoient presentez aux gardes du pas, & exposez en public. Ce qui n'empeschoit pas qu'il ne se fit enqueste sommaire sur les rangs, lors que la Noblesse des suruenants n'estoit pas notoire. Dequoy vous auez diuers exemples dans vostre Auteur que vous n'auez pas bien entendu. Voyla Monsieur tout le mistere qui se rencontre en ce lieu; Que si vous desirez sçauoir que vouloit dire ce Cerf, & pourquoy Messire Iacque de Lalain en auroit voulu representer la figure. La response est promte que le bois fourchu de ce bel animal estoit plus propre pour pendre, & attacher ces differents Escussons, les vns sur les autres selon l'ordre du téps & de la Genealogie, Que les bráches d'vn Arbre

Q

ou autre chofe femblable dont on fe fert d'ordinaire en ces oc-
cafions.

Mais tout cecy n'eft que bagatelle voyons quelque chofe de
plus important dans voftre chapitre des Brifures dont la refuta-
tion meriteroit vn volume entier. Ie le fuis par ordre, & obferue d'abort que vous auez merueilleufement bien imité, ce que
nous auons efcrit fur ce fujet nombre cent cinquante-neuf de
nos Origines. Mais afin qu'on ne conût pas d'où vous l'auez pris,
vous en auez changé l'ordre & la methode. Voyla pourquoy
vous commencez par la difference qui fe fait par le changement des couleurs & metaux que i'auois traictée la derniere,
comme la moins vfitée en France. Ce que vous auez obferué
auffi pour les exemples, mettant à la tefte celuy des *Grolées* de
Breffe, & de Dauphiné que l'on auoit logé le dernier apres lequel vous en rapportez vne longue lifte d'autres, pris d'vn Auteur que i'auois abregé à deffein, ce qui vous eft venu tres a propos, car vous auriés eu bien de la peine à defguifer voftre artifice fi i'euffe voulu dire tout ce qu'on à efcrit fur ce fujet.

Vous auez auffi amplifié ce que iauois dit en deux mots des
differences qui fe font par diminution. Mais vous vous eftes
bien gardé de rapporter l'Exemple des Cadets *De Choifeul*, il
eut efté trop vifible. Ce qui vous à obligé d'aller chercher celuy
de la maifon de Foïx qui eft caché dans les additions, & par con-
fequent moins en veuë. Et pour monftrer que vous eftes Hommes de grande lecture vous enflez ce difcours de trois exemples, dont il n'y à aucun qui vienne a propos. Car pour celuy des
Borgia la Terrace verte fur laquelle leur Vache eft située,
fait affez voir la difference de ce Blafon, d'auec celuy de Bearn,
pour ne pas dire que cette maifon Papalle eft fi fort au deffous de
celle de Bearn que vous ne fçauriez ioindre ces Armes, & ces
Familles fans vne extreme violence. Les exemples de Chattes,
& des Coftes de Grenoble originaires de Romans ne font
pas plus à propos. Certes fi Chattes ne portoit bien anci-
enement qu'vne Clef comme à dit le Pere de Varenne. Il
en porte deux aujour-d'huy comme a dit ce mefme Pere
fans

ſans y penſer, ne prenant pas garde que l'Eſcuſſon qu'il attribuë à ceux de Charpey, eſt celuy de Chattes auec ſes alliances, où vous obſeruerez, qu'il a obmis la veritable briſure de cette Maiſon, qui eſt vne Fleur de Lys, ſans parler des autres manquement, qu'il fait en cet Article, dont il n'eſt pas temps de parler. Et pour les Coſtes dont eſt Monſieur le Preſident de Charmes. Il fait ſi peu d'eſtat de voſtre Ionglerie qu'il porte *d'Azur à trois Cottices d'or ce qui eſt bien eſloigné du blaſon* des Coſtes Comtes de Benne, & de la Trinitat en Piedmont, dont vous auez voulu le faire deſcendre.

Cecy ſuppoſé, ie paſſe à l'examen de vos coniectures ſelon l'ordre de voſtre Liure. Page trois cents cinquante-quatre, vous coniecturez que les briſures qui ſe font par addition de Lambeaux, bandes, cottices &c. ont eſté portées aux Pays bas par les Heraux des Ducs en Bourgongne, & l'on trouue toutes ces eſpeces de Briſures en Flandres, plus de deux cens ans deuant que les Ducs de Bourgongne y euſſent mis le pied.

Page 357. Vous dites, que les Lâbeaux ſe font de deux pieces; ie n'en crois riẽ, ſi vous n'en aportez quelque exemple illuſtre, & qui ſoit capable de dõner authorité à cette doctrine nouuelle. En effet ie ne penſe pas que vous en ayez iamais veu aucun de cette ſorte, ſinon peut-eſtre dans les memoires d'vn bon Gentilhõme de vos quartiers, qui eſtoit certes fort ſçauant, mais nõ pas en Armoiries, dont toutesfois il faiſoit profeſſion : Et ie peux dire, que voſtre illuſtre Amy vous a rendu vn mauuais office, ſans y penſer, de vous auoir donné ſes memoires. Tant y a que cet honneſte homme que i'ay gouuerné autresfois, s'eſtoit imaginé que les pendants du Lambel ſe deuoient ajuſter au nombre des Freres qui ſe trouuoient en vne Famille. Et me ſouuient, que ſur ce fondement il n'en donna que deux à Monſieur le Duc d'Orleans deffunct paſſant à Lyon, l'an mil ſix cents trente-deux; mais on ſe mocqua de luy, & certes auec raiſon. Le bon homme ne ſçauoit pas que Philippe de France, Comte de Boulongne, Frere vnique de Philippe Auguſte, briſa d'vn Lambel de gueules de trois pieces, Qu'Edmund d'Angleterre, tige de la premiere branche

che de Lanclaftre Frere vnique de Henry troifiéme Roy d'Angleterre, prit pour brifure vn Lambel de France aufli de trois pieces, & que Louys premier, Duc d'Orleans, feul Frere de Charles fixiéme prit le Lambel de trois pendans d'argent, qui eft demeuré à tous les Princes, qui ont eu depuis cet appannage. De forte, que comme vous voyez, ce nombre de pendants n'a nulle relation à celuy des Freres, ce qui fe verifie encore par vne autre maniere. Car comme icy où il n'y auoit que deux Freres, on a pris le lambel de trois pendants, & quelquesfois de plus : aufli quant il y en a eu dauantage, on ne les a pas multipliez. Ainfi Iean d'Angleterre, dit de Gand, Chef de la feconde branche de Lanclaftre, brifa d'vn Lambel de trois pieces d'Hermines, quoy qu'il euft quatre Freres viuants, dont il eftoit le cinquiéme. Et dans la Maifon de France fous fainct Louys, fe trouuerent quatres Freres, dont le Comte d'Artois, & le Comte de Prouence, prirent tous deux le Lambel de quatre pieces, & celuy-cy mefme de cinq, felon quelques-vns. Et dans la Maifon de Montmorency des cinq Fils d'Anne Conneftable, le premier prit les Armes pleines, le fecond efcartela de fa Mere, le troifiéme d'vn Lambel de trois pieces d'argent, ce qu'on ne peut pas attribuer à l'ordre de la naiffance. Car dans la mefme Maifon, le Conneftable Anne, qui eftoit le fecond en ordre de quatre Freres, porta le Lambel de trois pieces mouuant du Chef, & dans la Maifon de France ; le Comte d'Artois qui eftoit le troifiéme Fils de Louys huictiéme, en prit vn de quatre, & partant de quelque fens qu'on le prenne, on ne peut rien conclurre du nombre des Lambeaux au nombre des Freres, non plus qu'à l'ordre. Mais qu'il s'en foit trouué de deux, c'eft ce qui eft inoüy.

Page 358. adjoûtez à la brifure de Sombernon vne engrêlure, comme il a efté remarqué par Mr. du Chefne, qui a veu les feaux & anciens monuments de cette Famille.

Page 357. Vous parlez en Maiftre, & prononcez, qu'il eft fuperflu de dire du Bafton de Bourbon, qu'il eft alaifé, parce que le Bafton doit neceffairement *montrer les deux bouts*, & que c'eft par là, qu'il eft diftingué de la Cottice. Or à cela

i'ay

i'ay deux chofes à vous dire. La premiere, que les Anciens
ne mettent point de diftinction entre le Bafton & la Cottice. Et
la feconde, que tous les Baftons de la Maifon de Bourbon & de
Vendofme au deffus d'Antoine Roy de Nauarre, font de toute
l'eftenduë de l'Efcu. Et l'on vous foûtient, que tout Bafton Ar-
moirial doit eftre de la forte. Mais comme celuy de cette Royale
branche de Bourbon a efté notablement accourcy & diminué
depuis que la couróne eft echeuë à leurs aifnez, il à efté neceffaire d'exprimer cette diminution, qui le diftingue des autres. Voylà pourquoy quelques-vns l'on nommé, *Pery en abyfme*, d'autres, *alaifé*, & quelques autres *raccourcy*. Au refte quant ce Bafton
de Bourbon feroit auffilong que l'Efcu vous ne deuriez pas apprehender qu'il ne montraft les deux bouts; car s'il eft impoffible
deconceuoir vn Bafton fans deux extremités; auffi eft-il bien
difficile de ne les voir, pourueu qu'il n'ait pas plus d'eftenduë
que l'Efcu mefme, qui ne pouuoit auoir que deux pieds & demy
de long tout au plus.

Pag. 363. Dreux eftoit vne Brifure des pleines Armes de Vermandois. Vous deuiez dire vne difference, ce qui euft efté tolera-
ble. Brifure, ne conuient qu'aux Cadets d'vne mefme famille,
or eft-il, que Dreux ne defcendoit pas de Vermandois. Adjoûtez, que ces Armes de Dreux eftoient celles d'Agnez de Brayne,
femme de Robert de France, premier Comte de Dreux de cette
Maifon. Sçachez enfin, que la Bordure que vous voyez en cet
Efcu de Dreux, n'eft pas toûjours vne marque de Brifure, tef-
moin Bourgougne, Dammartin, Ferrieres, de France & d'Angleterre, la Fayette, Commines en Flandres, & mille autres.

Là mefme, c'eft vn erreur de dire, que les Cadets de la
Maifon Royale retenoient feulement les Emaux de France pour
marque de leur origine; cóme Bourgougne, Dreux, Orleans, Vermandois. Du Tillet qui eft plus croyable que vous, vous auoit
aduerty du contraire. Bourgongne mefme, que vous alleguez
auoit vne Bordure de Gueules; Dreux tout de mefme. Item, Vermandois n'auroit pas eu befoin du Chef de France. Ce que vous
dites d'Orleans eft vn flux de langue. Il n'y a point eu de bran-

che d'Orleans , qui n'ait porté les Fleurs de Lys. Que fi vous entendez parler des Roys d'Orleans , enfans de Clouis, & de Clo-
taire , les Armes feroient bien plus anciennes que vous ne
dites.

La mefme page 363. Vous rendez vn trifte tefmoignage de
cette grande connoiffance de l'hiftoire, dont vous vous flattez,
donnant cinq filles Reynes à la Comteffe Beatrix de Sauoye,fem-
me de Raymond Berenger , Comte de Prouence. Ce que vous
auez apris de Pingon. Car ie ne penfe pas, que voftre illuftre
Amy foit de cet aduis, & vous le traitez affez mal de le citer en
cet endroit. Apprenez donc ce que toute la terre fçait, que la
Comteffe Beatrix , fille de Thomas Comte de Sauoye, n'eut
que quatre filles , du Comte Raymond Berenger , Marguerite
Aifnée Reyne de France , Ifabel Reyne d'Angleterre, Sance femme de Richard Comte de Cornuaille , & Roy d'Allemagne, &
Beatrix, la plus ieune de toutes , femme de Charles de France,
Comte d'Anjou & Roy de Sicile.

Quant à la cinquiéme que Pingon appelle Ieanne,& qu'il ma-
rie à vn Philippe , Roy de Nauarre ; c'eft vne erreur fi groffiere,
qu'il n'y a que vous , qui foyez capable d'y donner creance. Car
s'il l'entend de Philippe le Bel, Roy de Nauarre,par le moyen de
fa femme ; il eftoit petit fils de Marguerite, fœur aifnée de cette
pretenduë Ieanne, qui euft efté fa grande Tante.Il eft bien vray
que fa femme, s'appelloit Ieanne. Mais il eft conftant que cette Ieanne eftoit fille de Henry Roy de Nauarre, Comte de
Champagne & Brie & de Blanche d'Artois.Quant à l'autre Philippe, de la Branche d'Evreux, il eftoit encore plus reculé du fie-
cle de Raymond, & de fes enfans, qui eftoient tous morts de
fon temps.

Voyla, Monfieur, la verité du fait, dont vous pouuiez eftre in-
ftruit à fonds par le Sieur Ruffi,qui nous a donné depuis peu l'hiftoire de Prouence , par les Tiltres , & à fort bien remarqué l'erreur de Pingon, touchant le nombre, qualitez, & conditions des
enfans de Beatrix. Cæfar de Noftre-Dame, que vous citez quelquefois vous auroit auffi rendu le mefme Office d'vne maniere

fcien

identifique, par le moyen du Teſtament de Raymond, qu'il rapporte de bout à autre. Et comme ce braue auoit inclination à la
Poëſie, il enrichit cette partie de ſon hiſtoire d'vne belle piece
du Dante, qui contient en peu de mots celle du celebre Romeo, à la prudence duquel il attribue les hautes Alliances des
quatre filles de ſon Maiſtre. Voicy comme en parle ce Poëte:

*Quattro figlie hebbe, & ciaſcuna Reyna,*
*Ramonde Belinghieri, & cio li fece,*
*Romeo, perſona humile & peregrina.*

La vieille Chronique de Flandres qui eſt vne piece excellente
confirme ce dire du Poëte chapitre 10. fol. 50. Meſſieurs de
Sainte Marthe premier, & ſecond volume de l'Hiſtoire de France, du Tillet & Oihenard, en tant qu'ils ne conoiſſent point
cette Reyne de Nauarre, & tant d'autres que vous eſtes inexcu-
ſable d'auoir choppé en ſi beau chemin.

Page 364. vous faites des comptes à perte de veüe du pretendu Tombeau de la Conteſſe Beatrix, qui à bien peu tromper
Pingon & vous auſſi, mais non le Sieur Guichenon, qui n'a pas
fait reuiure cette Sepulture detruite pour nous obliger d'y donner creance, mais pour ne rien omettre de ce qui ſe pouuoit dire
de la maiſon de Sauoye dont il eſcriuoit l'Hiſtoire. Ie l'eſtime
trop habile homme pour ne pas connoiſtre que cette pretenduë
Sepulture n'eſt qu'vne belle copie d'vn mauuais Original dreſſé
long temps apres le ſiecle de Beatrix par quelque perſonne bien
intentionnée, mais tres-mal informée de l'Hiſtoire & du Blaſon.
Quoy qu'il en ſoit voyons vn peu les belles reflexions que vous
faites ſur cette hapelourde.

Vous obſeruez en premier lieu que de ces cinq Reynes
pretenduës Filles de Beatrix de Sauoye Comteſſe, de Prouence, aucune nē porte les Armes de Sauoye, ie ne m'en eſtonne pas. Ie ſuis bien plus ſurpris de veoir que vous ne ſoyez
iamais moins raiſonnable, que lors que vous faites le plus
l'entendu. En effect il faut eſtre bien ignorant où bien eſtourdy

pour

pour ne pas voir que les Filles d'vn Comte de Prouence, ne doiuent point porter les Armes de Sauoye, & d'ailleurs si les Dames en ce temps n'auoient autres Armes que celles de leurs Marys comme vous dites en ce lieu, à quel tiltre pourriez vous obliger ces Princesses de porter les Armes de Sauoye? Ie ne suis pas pourtant d'vn aduis qui vous seroit de la consequence que vous voyez. I'estime au contraire que les Escussons tailliez autour de ce tôbeau de Beatrix, & que vous croyez estre ceux de ses Filles, seroient plus tost ce qu'ils representent, c'est à dire ceux de leur Marys. La raison est que ce Tombeau n'estant qu'vn Cenotaphe erigé à la memoire de cette glorieuse Princesse, longues années apres son decez, on la voulu orner de tout ce qui contribuoit le plus à sa gloire, sçauoir des Armes de ceux qui ont mis ses Filles sur le Trône. C'est pour cela mesme si ie ne me trôpe qu'on à assemblé tant d'autres Princes, & Princesses autour de ce Tombeau pour tenir lieu de pompe funebre a la Comtesse Beatrix dont les vns estoient ses Gendres, les auttes ses Freres, & les autres ses petits fils sçauoir Louys. Philipe, & Pierre de France enfants de Saint Louys, & de Marguerite de Prouence sa Fille aisnée.

C'est à l'occasion de ces trois Princes, & de leurs Blasons, que vous obseruez, que les brisures auoient déja commencé. Or en cela vous ne nous donnez pas vne grande nouuelle, & vous deuiez bien vous estre souuenu de ce que vous veniez de dire en ce mesme chapitre, Que Dreux est vne brisure de Vermandois, ce qui seroit bien plus ancien, s'il estoit veritable. En tout cas vous auez peu apprendre de du Tillet & de Messieurs de saincte Marthe que Philippe de France, frere de Louys huictiéme brisoit déja d'vn Lambel de trois pieces. Que s'il ne se rencontre quelque chose de plus ancien ne vous-en estonnez pas, le temps qui deuore tout, & la coustume du siecle de prendre les Armes des heritieres en les espousant, nous ont priué de ce contentement.

Il n'estoit donc pas necessaire d'aller si loing pour nous apprendre la loy des Brisures déja connües, receües, & vsitée en

France longues années auparauant ce beau Cenotaphe. Ie m'eſtonne au contraire, qu'au prejudice de vos maximes vous preferiez les eaües troubles & fangeuſes des relations eſtrágeres à la verité de noſtre Hiſtoire, toûjours plus claire dans ſa ſource. C'eſt dans cette viue ſource, ie veux dire dans le threſor des Chartres de la Maiſon Royale, que du Tillet & les freres de ſainčte Marthe ont puiſé, ce qu'ils ont eſcrit de la poſterité de ſainčt Louys, auquel ils donnent cinq fils. Louys aiſné, qui mourut âgé de dixhuičt ans, & ne briſa point, comme il eſt a croire; ſon frere Philippe encore moins; parce qu'il deuint l'aiſné par la mort de Louys arriuée luy eſtant encore fort ieune, & deuãt l'âge de porter armes. Le troiſieme fut Iean Triſtan, Comte de Neuers & de Valois, de qui ce tombeau ne parle point; Il porta de France à la bordure de gueules, briſure releuée par Pierre de France, ſon quatriéme frere, Comte d'Alençon, dequoy nous auons des Lettres patentes, dans le grand Cloiſtre des Chartreux à Paris, où vous douriez bien auoir veu les Armes de ce Prince, & de ſa femme, Ieanne Cõteſſe de Blois, & de Chartres, outre quátité de ſeaux alleguez par les Freres de ſainte Marthe pour refuter Paradin, qui donne bien vne bordure à Pierre de France, mais Bezantée, ce qui n'eſt pas. Tant y a, qu'il ne s'eſt iamais trouué perſonne qui ſe ſoit aduiſé de la briſure, que ce tombeau donne à Pierre de France, lequel d'ailleurs il met le troiſiéme en ordre de naiſſance, bien qu'il ne ſoit que le quatriéme. Et qui pis eſt, il ne parle point de Iean Triſtan, ny de Robert cinquiéme & dernier Fils, Comte de Clermont, qui eſt celuy neantmoins qui briſa de la bande, & non Louys, mort deuant l'âge de Cheuallerie, & qui de plus n'eſtoit ce ſemble obligé à briſer eſtant l'aiſné de la maiſon. De maniere que ces briſures extrauagantes, attribuées par ce Tombeau aux enfans de S. Louys ſeroient ſeules ſuffiſantes pour le conuaincre de faux, quand nous n'en aurions aucune autre preuue.

Vous obſeruez en troiſiéme lieu, que ce tombeau donne differentes Armes aux huičt freres de la Comteſſe Beatrix, d'où vous tirez cinq conſequences, que nous examinerons auec voſtre permiſſion.        S

La premiere, que les Armes n'eſtoient pas hereditaires. Il ne s'enſuit pas ; car outre que ce tombeau eſt vne piece ſuppoſée, il n'eſt pas inconuenient, que ces freres n'ayent eu des raiſons particulieres de prendre Armes differentes. Comme il ſe voit en la perſonne de Thomas, qui eſtoit Comte de Flandres, du chef de ſa femme, à raiſon dequoy il ſe peut faire, qu'il ait porté le lion, que l'Auteur du Cenotaphe luy donne.

La ſeconde, que les Eccleſiaſtiques ne briſoient point. Si cela eſt, ils portoient donc les Armes de leurs familles. Mais s'il eſt ainſi, qu'ils portent les Armes de leurs Maiſons, pourquoy dites vous que les Prelats ne portent que les marques de leur dignité? & d'ailleurs s'il eſt veritable, qu'ils ne portent que les marques de leur dignité ; d'où vient que Guillaume de Sauoye, Eueſque de Valence, porte les Armes de Sauoye, dont il eſtoit iſſu, & non celles de ſa dignité ?

La troiſiéme, que les freres changeoient d'Armes. Cette conſequence eſt eludée, par le meſme lieu d'où vous la tirez. Car les trois freres enfans de ſainct Louys, portants meſmes Armes ſauf la briſure : Et les François eſtans vniuerſellement plus exacts en la practique des Armes, comme vous enſeignez en la page 306. vous allez contre vos maximes de nous propoſer pour Regle des exemples eſtrangers, qu'il faloit plûtoſt ajuſter à nos couſtumes, & partant voſtre conſequence eſt tirée à contre-poil.

La quatriéme, que les Prelats portoient ſeulement les marques de leur dignité, vous venez de prouuer le contraire, par l'exemple de Guillaume de Sauoye, Eueſque de Valence, lequel portoit d'or à l'Aigle de ſable, qui ſont les Armes de Sauoye. Accordez-vous auec vous meſme, & nous ſerons bien-toſt d'accord enſemble.

La cinquiéme, que la Croix des Armes de Sauoye n'eſt point celle de Rhodes, qu'on a creu par erreur auoir eſté priſe par Amé le Grād, puis qu'auant luy le Comte Amé, le Comte Aymon, le Comte Pierre, & le Comte Philippe l'auoient déja portée, comme on voit en ce monument. Monſieur Guichenon nous a amplement deſtrompez de cette erreur, &c. Nous verrons

ce

ce qu'en dira cet illuftre. Et ie ne doute point, qu'il n'en parle plus iudicieufement que vous, qui n'apportez pour toute pieuue qu'vne piece euidemment fauffe. Que s'il nous conuainc d'erreur, nous aurons cette confolation d'auoir erré en bonne compagnie, & ferons en effet d'autant plus excufables, que vous enfeignez, page 337. de l'Art pretendu veritable, que iufques à prefent, *nous n'auons rien d'affeuré de lorigine de nos Fleurs de Lys, de'la faffe d'Auftriche, & ce qui eft le poinct de la Croix de Sauoye.* D'où ie conclus, ou que vous n'auiez pas encore conferé auec ledit Sieur Guichenon, lors que vous efcriuiez cecy; ou qu'ayant entendu fes raifons, vous les auez trouuées affez fortes pour deftruire l'opinion commune, mais non pour eftablir la fienne, qui feroit tres foible en effet, fi elle n'auoit vn meilleur fondement que le Cenotaphe de la Comteffe Beatrix.

Tout le refte de vos obferuations n'eft que de chofes triuialles ou impertinentes. Comme ce que vous dites, Page 367. que les pays côtigus ont affeété d'auoir des Blafons femblables côme la Normandie la Guyenne, & l'Angleterre. Prenez la charte ie vous prie, & vous verrez que deux prouinces fi eloignées que la Normandie, & la Guyenne n'ont pas eu efgart a la proximité qu'elles n'ont point en effect pour prendre c'elle-là deux Leopars, & celle fi vn. Et pour l'Angleterre qui les porte touts trois vous pouuiez bien penfer que ce n'eft pas à raifon du voifinage, eftát feparée de l'vne & de l'autre par vne grande eftenduë de mer : mais à caufe du mariage de Henry fecond Roy d'Angleterre auec l'heritiere de Guyenne, du Chef de laquelle il aiouta vn troifieme Leopart aux deux Normandie, que fes predeceffeurs auoient apportez de Dannemarc en France, & de la en Angleterre, dont les anciennes Armes eftoient de Gueulles à vne Croix pattée d'argent (Tomas Miles dit Patonce) cantonnée de quatre colombes de mefme. Ce que vous dites des Lyons des Pays bas, eft vne autre badinerie refutée par vous mefme, page 337. où vous reuoquez en doute, tout ce qui s'eft dit de la Croix de Sauoye, des Lyons de Flandres, &c. Et pour les Aigles de Sauoye, Mantoüe, & Ferrare outre que ces

deux

deux derniers Eſtats ſont aſſez eloignez du premier, il eſt conſtant
que ces Aigles ſont conceſſions de l'Empire où de l'Egliſe. De
Sauoye, vous n'en doutes pas. Mantoüe la conceſſion eſt de
Frideric troſieſme ſelon Fauin, ou de Sigiſmond (ſelon Lean-
dre Albert) qui crea François Gonzague Marquis de Mantoüe le 22. Septembre, 1433. *& gli dono l'Aquile negre che le
portaſſe in campo bianco con vna croce roſſa.* Quand eſt de l'Aigle
de Ferrare, iapprens du Comte Alphonſo Loſchi, que c'eſt vne
faueur ou pluſtoſt vne recompenſe de ſeruices & fidelité
enuers l'Egliſe, concedée à vn des premiers Marquis de ferrare,
par le Pape Alexandre troiſieſme.

Iuſques icy Monſieur vous n'auez pas eſté plus heureux en
conjectures qu'en conſequences. Ie ne m'en eſtonne pas vous
auez beaucoup de memoire à ce que l'ondit, mais la Nature qui
vous a eſté ſi liberalle de ce coſté, s'eſt monſtrée vn peu eſcharſe
d'ailleurs. Nous en auons vne preuue conuecinquante en la page
402. de voſtre Liure, où apres auoir dit que les Bezants tirent
leur nom de la Ville de Conſtantinople, auſſi appellée Byſance
vous enrichiſſes ce diſcours d'vne reflexion fort rare, que les
Bezants n'ont point de marque en Armoiries, d'autant que cette
Monnoye eſtoit autre-fois ſans marque, & qu'elle ſexpoſoit au
poids de l'Ordonnance des Sultans. Par où vous donnez à entendre que cette Monnoye leur eſtoit propre, car vous adjoutez
incontinent apres, *Qu'ayant eſté autre fois informe auec le temps
elle fut marquée, du coin particulier des ſultans.* Ce qui eſt
tout a fait hors de raiſon.

Car ſi les Bezants ont emprunté ce nom de la Ville de Byſance
où vous confeſſez qu'ils ont eſté premierement frappez, qui
d'oute que cette Monnoye n'ait eſté empreinte de la figure, ou
quoy que ce ſoit de la marque des Empereurs, Seigneurs de cette grande Ville Capitalle de Leur Empire. Et cela eſtant qu'elles
apparance que nos Bezants Armoriaux, ayent eſté pluſtoſt tirez
ſur ceux des Sultans, quant ils auroient eſté ſans marque, ce
qu'on ne vous accorde pas, que ſur ceux de l'Empire leſqu'el
eſtoient touts marquez. Certes ie en vois aucune, & le lieu de
Nicole

Nicole Gille pris comme il faut, ne dit autres chose sinon que comme nous auons maintenant diuerses Pistoles distinguées les vnes des autres par leur prix, & par le lieu de leur fabrique, d'où il prennent le nom : Ainsi outre les Bezants Imperiaux, il se peut faire qu'il y en eût d'autres frabriquez en diuers lieux, & mesme chez les Sarasins, à raison dequoy ils estoient nommez Sarasinois. C'est à mon aduis tout ce qu'on peut tirer de ce lieu de Nicole Gille, & de tout ce que vous dites en suitte, d'où ie n'apprens point que les Bezants Sarasinois aient esté forgez sans marque, & ne le sçaurois croyre pour plusieurs raisons.

Ie tire la premiere de la coustume de touts les peuples, & de touts les siecles depuis plus de deux mille cinq cents ans, & de quelque costé que vous vous tourniez vous ne me ferez point voir de Monnoye depuis ce temps, qui n'ait esté marquée. Certes tout aussi tost que les necessitez de la vie eurent introduit le commerce, on reconut qu'il estoit difficile de l'entretenir par l'eschange des denrées, côme il se pratiquoit bien anciennement au lieu dequoy on saduisa de la Monnoye. Et j'apprens d'Ælian, & de Strabon, que la sterilité de l'Isle d'Ægine aiant forcé ses habitants, d'aller chercher au loing ce que la Nature auoit desnié à leur pays. Ils furent les premiers de toute la Grece qui s'aduiserent de marquer des pieces d'argent pour faciliter le negoce.

Les Atheniens ne tarderent pas de les imiter, & il est triuial qu'ils marquoient leurs especes d'vne Choüette. Ce qui arriua à Lacedemone est remarquable à ce propos où Gilippus ayant derrobé bien finement, comme il croyoit quantité de ces Choüettes, il les cacha sous les tuiles de sa maison d'où elle furent desnichées par la denontiatiõ amphibologique de son vallet. Les Thebains y figuroient vne Tortuë, les habitans de l'Isle de Chio, & les peuples d'Afrique vn espi de bled, les Rhodiens marquoient d'vne rose, les habitants de l'ancien Ilion d'vne Truye, les Latins dés le temps de Ianus d'vne proüe de nauire, Ouide dit vne pouppe poëtiquement pour vn nauire entier, qui est le sentiment d'Athenée, mais les Hebreux plus anciens que tout cela, marquoiét leur Sicle de la figure d'vn vase de la forme de celuy qu'ils

T

enfermerēt anciennemēt dans l'Arche d'Alliance. Ie ne rapporte pas tout ce qui fe peuſt dire fur ce ſuiet qui eſt aſſez riche, car ie n'ay pas tant d'enuie de vous monſtrer que iay leu d'autres Liures que les Romans que i'en veuille paſſer pour pedant.

La ſeconde raiſon ſe tire des noms generaux, & particuliers de ces eſpeces marquées, que les Romains ont nommées Monnoyes *à monendo*, par ce que la marque en faiſoit conoiſtre l'Auteur, & le prix. Elles ont auſſi eſté appellées en general, *Pecunia*, d'autant que touttes les Monnoyes Romaines, dans les commencemens de cét eſtat eſtoient empreintes de la figure d'vn Bœuf, où d'vne Brebis, ſelon l'opinion de Varron de Pline & Plutarque, ce que ie vous ay voulu dire d'autant que Columelle à eu vne autre penſée.

Les noms particuliers des monnoyes nous enſeignent la meſme choſe, & bien plus clairement. Car outre les pieces marquées de ſignes Hieroglyphiques alleguées cy deſſus: Nous en auõs veu quantité d'autres qui ont emprunté leur nom de celuy du Prince, duquel ils portoient la figure. Ainſi les Perſes auoient leurs Dariques marquez d'vn coſté du viſage de Darius l'ancien, & de l'autre de la figure d'vn Archer, ſur quoy Ageſilaüs fit le rencontre que vous ſçauez. Et au meſme temps que Darius faiſoit batre ſes Dariques, ſon Lieutenant en Egypte, Ariandes fit battre monnoye d'argent auec le ſien, *Vnde Argentũ Ariandinũ*, ce qui luy coûta la teſte. Les Macedoniēs eurēt leurs Philippes, qui ont duré bien long tēps, & pour la meſme raiſon nous auons eu nos Hērys, & double Henrys, les Karolus ſont plus anciens, ils portoient la premiere lettre du nom de leur Auteur, Charles ſeptiéme, & Charles huictiéme. Imitez en cecy des Princes de Dombes, qui ont fait fabriquer des pieces de trois deniers, vulgairement appellez *Liards*, marquez d'vn coſté d'vne Croix pattée, & de l'autre de la premiere lettre de leur nom. D'où vient qu'il s'en trouue de marquez à la lettre F. du nom de François de Bourbon, Duc de Montpenſier & Prince de Dombes, que vous auez attribués par erreur au Roy François premier, quoy que la Couronne, le legende & la datte vous appriſſent le contraire.

Ie

Ie ferois ennuyeux fi ie voulois rapporter icy tout ce que *Suetone*, *Seneque*, *Tacite*, *Lampride*, *Vopifcus*, *Trebellius Pollio*, Et des Grecs, *Philoftrate*, *Artemidore*, *Dion*, *Herodian*, *Procope*, *Xiphilin*, & autres, ont efcrit des monnoyes Romaines. Mais puifque nous fommes fur les Befants, vous fouffrirez bien que ie vous die quelque chofe de cette monnoye Orientale, & des figures dont elle eftoir marquée. I'obferue donc que Iuftinien l'ancien fit battre des pieces d'or, qui d'vn cofté portoient fon Image, & de l'autre celle de Belifaire, auec ce mot, *Gloria Romanorum.* Ce que Galienus auoit fait à Rome, où à peu pres en faueur d'Odenatus. Or comme la monnoye eft la marque la plus expreffe de la fouueraineté. Iean Zimifcés, Prince deuot, voulant donner à connoiftre que le Fils de Dieu eftoit le Roy des Roys, au lieu de mettre fon Image dans fes monnoyes, il y fit mettre celle de Iefus Chrift, auec cette legende, IHS. XPS. BAS. BAS. d'autres foumettans la gloire de leur Sceptre à celle de la Croix, la reprefenterent au reuers de leur monnoye, auec cette infcription, IHS. XPS. NIKA. Ce que nos Roys ont imité en quelque façon, ayans fait mettre ces mots à l'entour de leurs Efcuts d'or, *Chriftus Regnat*, *Vincit*; *& Imperat* : tant y a que cette couftume de figurer, l'Image de Iefus Chrift dans les monnoyes deuint fi ordinaire, que l'Empereur Ifaac Comnene eft blâmé chez Zonare d'y auoir mis la fienne, tenant vn Efpée à la la main, comme s'il euft voulu dire, qu'il ne tenoit pas tant fon Empire de Dieu, comme de fon Efpée.

Il faut obferuer en troifiéme lieu, que les grands Roys n'ont pas fait feulement marquer leur monnoye de leur nom & de leur figure; mais qu'ils ont encore obligé les Princes leurs voifins, tributaires & aliez de receuoir leurs efpeces, & mefme de mettre leur Image en celles de leurs pays. Les Roys de Perfe du temps des premiers Empereurs Romains ne pouuoient battre monnoye d'or, qu'elle n'euft la figure de ces Empereurs : & ce n'eft pas vne petite marque de la Dignité, Grandeur, & Majefté de nos plus anciens Monarques que les Empereurs de Conftantinople n'ayent peu les empefcher de faire battre monnoye d'or à leur

coin

coin & figure, ce qu'ils ne permettoient pas aux autres Princes
de l'Orient, & nous apprenons de Zonare, que le Lieutenant de
Iuſtinien ſecond, nommé Leonce, prit ſuiet de rompre la paix
auec le Prince des Arabes, depuis nommez Sarraſins, parce
qu'ils payoient le tribut deu à l'Empire, en monnoye marquée
d'vne nouuelle marque Arabeſque, & non du viſage de l'Empereur, ce qui n'eſtoit permis.

Ce ſont les paroles de l'Auteur, que ie vous prie de remarquer, parce qu'elles decideront la queſtion, & i'y adiouſte vne
choſe merueilleuſe, qu'encore que les Sarraſins depuis l'infra-
ction de cette paix ſe fuſſent emparez de l'Egypte, Syrie & Pale-
ſtine, il ne ſe parloit neantmoins en toutes ces Prouince que de
*Beſants*, monnoye Imperiale, forgée à Byſance, comme vous
confeſſez, & par conſequent marquée au coin & marque des Empereurs, dont le nom eſtoit encore venerable aux Infideles, auſſi
bien qu'aux chreſtiens, de telle ſorte que ce nom de Beſant eſtoit
cõmun à toutes les Monnoyes Orientales, tant Chreſtiénes que
Sarraſines. I'entreprendrois vn labeur infiny, ſi ie voulois cotter
par le menu tous les paſſages des Hiſtoriens de la Terre ſainct e,
où il eſt parlé de ces Beſants ou Byſantins ſans queüe. Mais ie ne
dois pas obmettre vne galenterie de Baudoüin de Bourg, Prince
d'Edeſſe, & depuis Roy de Hieruſalem, qui pour auoir de l'argent de ſon beau pere, Gabriel Duc de Melitene en la petite Ar-
menie, luy fit à croire, qu'il auoit engagé ſa barbe à ſes Choual-
liers & Eſcuyers pour aſſeurance de leur ſolde, & qu'ils la luy deuoient raſer & emporter, s'il ne s'acquittoit enuers eux, de ce
qu'il leur auoit promis. De maniere que le bon Duc pour ne fouf-
frir en ſon gendre l'affront le plus ſenſible du monde au iugement des Orientaux, luy conta trente mille *Michelets*, qui eſtoiét
des beſants ſans doute, marquez au coin d'vn des Empereurs de
Conſtantinople, de ce nom de Michel, comme les *Purpurats*,
dont parle l'Abbé Guybert, qui pourroient bien auoir eu ce nom
de Leon Porphyrogenete ou de quelqu'autre.

Ie ne penſe pas, Monſieur que vous puiſſiez vous defendre de
cette foule d'Autoritez; car de dire, que les premiers Beſants
ayent

ayent esté nommez absolument *Ἀργύρι*, & *χρύσεα*, du nom de
leurs metaux, & que primitiuement ils n'auoient point de marque, Leunclauius, de qui vous auez pris cecy, ne le dit pas, &
quant il le diroit, ie ne le croirois pas, ny vous non plus. Il dit
bien, que les pieces d'argent estoient appellées *Aspres*; c'est à dire *Blanches*, de la couleur de l'argent, comme nous auons eu en
France des *grands & petits Blancs*, qui ne laissoient pas d'e-
stre marqués. Les pieces d'or & d'argent chez les Romains
estoient bien nommées absolument *Aurei & Argentei*, & toutesfois elles estoient fort bien marquées, & iamais personne n'en
a douté. L'ancienne monnoye de cuiure, qui seule a eu cours à
Rome l'espace de plus de cinq cents ans, & qui toute vile qu'elle estoit, ne laissoit pas d'estre le prix de l'or & de l'argent. Cette
monnoye, dis-ie s'appelloit *Æra*, en Latin, & en Grec *χαλκοῦς*
dont les differentes marques luy ont donné des noms differents:
*Victoriati, Bigati nummi, Supple*, *&c.*

Ce que vous dites aussi de la figure ronde des besants, à raison
de laquelle ils auroient esté appellez *Rota aurea & argentea*, ne
fait rien du tout contre la marque. Les pistoles & reales d'Espagne au molinet sont marquées, aussi bien que celles qui sont
grossierement taillées, qui est le terme de la monnoye, d'où vient
afin que ie vous die cecy en passant, qu'en Italie le lieu de la
monnoye s'appelle, *la Zeccha à secando*. Et il est bien plus vray
semblable que les *Zecchins* viennent de la *Zeccha*, que de vostre *Schach*, ou Roy de Perse, d'où vous tirez vos *Schechins*, que
ie n'ay point ouy nommer de la sorte, qu'en vostre quartier de la
Boucherie ; par tout ailleurs on dit & escrit Zecchins ou Se-
quins.

Au fonds, on vous denie que les Besants ayent iamais esté appellez Tables, ou Roües d'or ou d'argent, ny qu'il y ait eu monnoye quelle que ce soit de ce nom. Ie lis bien chez Leunclauius
que les mines d'argent de *Lebene*, pres Sebaste, estoient affer-
mées à trois *Roües* d'argent, dont chacune valoit mille *Sultans*:
mais qu'il y eust monnoye de ce nom pas vn mot, qu'elle n'ait
point esté marquée encore moins. Et il faut estre bien impu-

V

dent, ou bien ignorant pour croire ou vouloir nous faire croire qu'vn befant, dont la plus haute eftimation n'a iamais paffé cinquante francs de noftre monnoye fuft vne de ces Roües, qui valoient mille Sultans, ou Befants piece, car nous verrons que les Befants, Sultans & Seraphins eftoient d'vn mefme poids, & d'vn mefme prix. D'où il paroift, que ces Roües d'or ou d'argent, n'eftoient pas des monnoyes, ains des *Tables* ou *Platines*, qu'on tailloit puis apres pour en faire des Befants, Sultans & autres monnoyes.

A ces foibles raifons vous joignez vne brauade, & me dites, que fi i'entendois l'Arabe, vous me renuoyeriez à l'*Alcoran*, ou i'apprendrois, que Mahumet defend l'vfage des Images, d'où vous concluez que les monnoyes Turques, n'ont peu eftre marquées, & outre ce, vous aduancez de voftre crû, que nos hiftoires font foy, que les Turcs ont long temps refufé les monnoyes des Chreftiens à raifon des Images dont elles eftoient figurées. A quoy ie refpons par ordre, & vous confeffe d'abord, que ie n'entends point l'Arabe, & n'ay point leu, ny ne veux lire l'Alcoran, ce que ie pourrois bien faire, fans entendre cette langue, ayant efté traduit en la noftre. Ie vous laiffe cette lecture, & les vices des Arabes, que vous pourriez bien auoir contractez en lifant leurs liures & conuerfant auec eux. Secondement quand l'Alcoran & Mahumet, voftre Autheur, auroient defendu les Images; ie ne crois pas que cette defenfe fe deuft eftendre iufques à celles des monnoyes. La Loy de Dieu certes defendoit bien les Images, ou pour parler nettement, & au fens de la Loy, l'adoration des Images. Et cependant le Temple & le Sanctuaire mefme en eftoient tous remplis. En l'efpece le Fils de Dieu, Auteur de la Loy, n'a pas abhorré les figures qui fe trouuent és monnoyes. Nous lifons auec refpect ces paroles facrées dans fon Euangile : *Cuius eft Imago hæc & fuperfcriptio*. Ainfi il n'eft pas croyable, que les Turcs ayent efté plus fcrupuleux que les Iuifs, & Mahumet plus religieux obferuateur de la Loy que Iefus Chrift mefme.

Ie vous dis en troifiéme lieu, que vous aduancez de voftre

creû

creû que les Turcs ayent long-temps refufé les monnoyes Chre-
ftiennes à raifon des figures dont elles eftoient marquées, en effet vous n'en apportez aucune preuue à voftre ordinaire. I'apprends bien de Leunclauius, que du Temps de Bajazet premier,
certains Fourbes de Talifmans fous pretexte de Religion, & en
verité pour remplir leurs bourfes, s'efforcerent de faire defcrier
les monnoyes Imperiales, qu'ils raffloient fous main : mais cela
ne dura point, car l'artifice fut bien-toft reconnu. Les Turcs la
receurent comme auparauant. Et cet Auteur remarque, qu'ils
font tellement perfuadez de la bonté des efpeces de l'Empire,
qu'ils les prennent fans pefer.

Mais ie veux, que par vne Loy indifpenfable les Images
& figures humaines ayent efté bannies des monnoyes des Turcs.
Ce qui n'eft point veritable pourtant ( car les Alcores de ces
peuples ne les excluent que des temples feuls, au rapport de
Calchocondile,)qu'en conclurrez vous ? que les Befants Sarrafi-
nois, &c. n'ayent point efté marquez. Vous ne fçauriez. Il a efté
prouué cy-deffus, que dés le temps de Iuftinien Rinotmete,
c'eft à dire, enuiron foixante ans apres la mort de Mahomet la
monnoye des Arabes ou Sarrafins eftoit déja marquée, voicy les
termes de Zonare tournez du Latin de Vvolphius : il parle de
Leonce Lieutenant de Iuftinien. *Iis fretus & gaudens Arabi-*
*cum fœdus rupit, caufa ex to fumpta quod annui* TRIBVTI MO-
NETA NON ROMANORVM SIGNVM, *Sed* NOVVM ARABICVM *ha-*
*beret*, & le refte. Que fi vous me demandez, quelle eftoit cette marque nouuelle, Monfieur Mefnage, que i'eftime plus que
Nicot, vous l'apprendra par ces vers de Teodulphe, Euefque
François, Contemporain de Louys le Debonnaire.

> *Hic & cryftallum & gemmas promittit eoas*
> *Si faciam alterius vt potiatur agris*
> *Ifte graui numero nummos fert diuitis auri,*
>   *Quos* ARABVM SERMO SIVE CHARACTER ARAT.
> *Aut quos Argento latius ftylus imprimit albo.* Et le refte.

Et pour vous fermer entierement la bouche, ie vous apporte
l'au

l'autorité de voftre Leúclauius duquel vous vous feruez à toutes fins, qui dit en termes formels, que les Sultás, & les Befáts eftoiét de mefme poids, & de mefme valeur & que toute la differéce de ces efpeces confiftoit en la figure. Voicy comme il parle, *Eiufdem cum Soldanis erant tū ponderis tū pretij, qui Græcorū Imperatorum temporibus Byfantÿ nominabantur*, CHARACTERIS DVNTAXAT RATIONE DIVERSI, ils eftoiét dōc marqués. Et quát aux *Seraphins* que vous pretendez auoir efté premierement fabriquez, & marquez par le Soudã Melech Seraph de telle forte qu'auparauãt les monnoyes Turques eftoient fans marque: Cela ne peut eftre que ce Melech Seraph ne foit plus ancien que le regne de Iuftinien. Ce que vous n'oferiez dire car ce Soudan viuoit feulement l'an 1291. auquel il chaffa les Chreftiens de la terre Sainte. Et nous venons de voir que des l'an 800. & tant, foubs le regne de Charlemagne, & de fes enfants, & bien pluftoft dés l'an 690. fous Iuftinien les Arabes, & Sarafins marquoient déja leur monnoye. Que dit donc Leunclauius qu'il n'y ait eu aucuns Bezants où fultans d'Arabie, & des Sarafins marquez, deuant le regne de Melech Seraph, point du tout, mais qu'outre les *Sultanins* il y auoit des *Seraphins* qui eftoient de mefme poids, & valeur que les Sultans & les Bezants. Et qu'ils receurent ce nom de Seraphins àcaufe que *Melech Seraph* fuft le premier de toutes les Souldans d'Egypte qui les fit forger, & qu'ainfi ne foit, voicy fes termes: *Eiufdem cum Soldanis erant tum ponderis tum pretij qui Græcorum Imperatorum temporibus Byfantÿ fiue Byfantini nominabantur caracteris duntaxat ratione diuerfi. Confimiliter & Seraphini fupple erant eiufdem ponderis & pretij, quos Seraphinos fupple, primus ex Soldanis Ægyptiis fignauit Melech Seraph à quo nomen etiam hoc confecuti funt.*

Ie pourrois icy brauer à mon tour, & vous demander, fi vous eftes content? Mais quoy que vous le deuiez eftre, ie ne le feray pas moy-mefme, que ie ne vous aye entierement conuaincu de la fauffeté de voftre propofition, en vous faifant voir la neceffité precife de marquer la monnoye. Ie dis donc, qu'il eftoit abfolument neceffaire qu'elle fuft marquée, parce que fans cela le public

blic euſt eſté liuré & abandonné aux fraudes des faux monnoyeurs, à qui il euſt eſté facile de contrefaire ces tables raſes deſtituées de toutes ſortes de figures, & principalement de celle du Prince, qui les rendoit en quelque façon inuiolables. Ce qui à fait dire ces belles paroles à Theodoric chez Caſſiodore. *Quid nam erit tutum ſi in noſtra peccetur effigie, & quam ſubiectus corde venerari debet manus ſacrilega violare feſtinet.*

Vous auez plûtoſt deſcouuert l'inconuenient, que vous ne l'auez oſté, lors que vous auez dit, que vos beſants non marquez s'expoſoient au poids de l'Ordonnance des Sultans. Ce qui n'eſtoit pas ſuffiſant. Et vous auez peu apprendre de Caſſian, que de tout temps on a conſideré trois choſes en la monnoye, la qualité, le poids, & la figure. Quant à la premiere, il y eſtoit en quelque façon pourueu par l'Image du Prince, laquelle, comme dit Ariſtote, aſſeure le peuple de la bonté de l'eſpece, & Theoric au lieu allegué : *Omnino moneta debet integritas quæri vbi vultus noſter imprimitur, & generalis vtilitas inuenitur.* Pour la ſeconde, qui regarde le poids, on y apportoit l'eſſay de la balance, & pour cela il y auoit à Rome des Peſeurs publics dans tous les coins des ruës, qu'on appelloit *Libripendes & ζυγόςἀ).* Reſte la legende & la figure qu'il faloit bien eſtudier, comme vn des meilleurs moyens de diſcerner le vray du faux, & le faux du fin ; voyla pourquoy le Fils de Dieu aduertiſſoit ſes Diſciples d'eſtre bons Changeurs. Et de toutes les fripponneries qui ſe faiſoient au fait de la monnoye, celle-cy en particulier, s'appelloit, *Paracaragmus.* Que ſi auec toutes ces precautions on ne laiſſoit d'altɛrer les monnoyes. Ie vous prie, quel peril y euſt-il eu, ſi elles euſſent eſté expoſées ſans forme & ſans figure. Et ſi la monnoye d'or, & d'argent n'eſt conſiderée que par la figure du Prince quel eſtat auroit-on fait de celle de Cuir, d'Argille, de Bois, d'Eſcorce d'Arbre, de Carton, & d'autres ſemblables bagatelles à qui la neceſſité publique a donné cours, ſi le viſage du Prince ne leur euſt donné autorité ?

I'acheue ce diſcours, Monſieur, & apres m'eſtre acquitté de ce que ie vous deuois en qualité de Profeſſeur, vous me permet-

X

trez de vous traiter en Heraut, & de vous dire la veritable raiſon pour laqu'elle les Bezants Armoriaux ont eſté repreſentez ſans marque. Ce qui me ſera fort ayſé ſi vous vous ſouuenez de ce que nous diſions tantoſt, que les Eſcuts de nos Cheualiers eſtoient parez, ornez & reueſtus de Brocatel d'or ou d'argent, de draps de ſoye ou de laine, & quelques fois de Cordoüan : Et que ſur ces couuertures, on couſoit ou appliquoit certaines pieces de quelqu'vne de ces eſtoffes, mais de couleurs differantes ; Des Lyons verts par exemple, des Loups bleus, des Moutons rouges, des Croiſſants d'Hermines comme celuy de Mr. de la Meſleraye, des Quinte feuilles ou Engemmes d'Hermines, comme celles d'Ancenis en Bretaigne, de Croucbak, & Beaumõt Ponteaudemer en Angleterre, des fleurs de Lys de la meſme eſtoffe comme celles des Cockfied au meſme pays. Or comme toutes ces figures Armorialles n'ont aucune conformité auec les choſes quelles repreſentent, car il n'eſt point de Lyons verts, de Loups bleus de Moutons rouges, &c. Ainſi il ſe trouue des Bezants lis & ſans marque en Armes, non parce que les veritables Bezants ſe ſont expoſez ſans figure ou marque du Prince comme vous auez creu ; Mais parce que ces Bezants Armoriaux n'en auoient point & n'en pouuoient auoir eſtants comme nous auons dit des pieces d'eſtoffe appliquées ſur les Eſcuts toutes telles quelles eſtoient ſans aucun artifice. Ce qui n'eſt pas ſi vniuerſel qu'il ne s'en trouue quelque vns de marquez, quoy qu'en petit nombre ; Comme ceux de l'Eſcu de Conſtantinople qui ont vne croix alaiſée, & ceux de Portugal qui ont vn point de ſable au milieu. Auſquels on peut adjouſter les Bezants d'Hermines des maiſons de Dinan, & de Bodegat en Bretaigne, qui par conſequent ſont marquettez, non par rapport aux veritables Bezants, où vous ne veiſtes iamais rien de ſemblable. Mais parce que cette derniere eſpece de Bezants armoriaux dans leur Origine, eſtoient reellement & de fait, des pieces rondes de cette fourure appliquées ſur quelque beau drap d'eſcarlatte où de ce que vous voudrez qui eſtoit le champ, & la houſſe de l'Eſcu, laquelle ornée de quelqu'vne de ces pieces

de

de fantaiſie tenoit lieu de deuiſe, enſeigne où Armoiries à nos Cheualliers ou Eſcuiers.

C'eſt ce que i'auois à vous dire ſur le ſuiet des Bezants, où vous auez teſmoigné tant de foibleſſe, que ie ne m'eſtonne pas ſi vous auez recours à vos Amis pour vous ayder à me combattre. Vous me menaſſez entr'autres d'vn Illuſtre qu'il n'eſt pas beſoin de nommer, ce qui me confirme en l'opinion que i'ay toûjours eüe, que voſtre amitié luy ſeroit vn iour à charge. En effet, vous auez tant d'amour pour vous-meſme que vous ſeriez rauy, qu'il rompit auec moy, ou moy auec luy, afin d'aſſeurer voſtre repos au hazard de troubler le ſien. Mais de ce coſté vous n'auez rien à eſperer. l'honore trop le Perſonnage pour faire, ou dire choſe qui le puiſſe offenſer, & ie ſuis ſi fort aſſeuré de ſon amitié, que toutes vos intrigues ne ſeront iamais capables de m'en priuer. Liſez ſes ouurages & vous verrez, ſi c'eſt auec raiſon que ie parle de la ſorte. Ie ne les articule point icy, parce que ie ſçay qu'il ne veut point auoir de part en nos querelles : mais ie peux bien dire en general, qu'il n'a rien donné au public, qu'il ne m'ait fait quelque part de ſa gloire, par vne honneſte reconnoiſ-ſance des offices que ie luy ay rendus.

Ie vous repete donc encore vne fois, que ie n'ay rien à crain-dre de ce coſté, que ſi ie n'auois cet aduantage, & que i'euſſe eſté ſi malheureux de l'auoir deſobligé, ie n'aurois pour toute punition, que le deplaiſir de l'auoir fait ; il eſt trop noble & trop genereux pour ſe venger, & le temps luy eſt trop precieux pour l'employer en inuectiues. Quant à vous, Monſieur, qui vous pi-quez de ſa confidence, c'eſtoit à vous de luy rendre ce deuoir. Mais vous connoiſſez voſtre foible, & vous auriez mauuai-ſe grace d'entreprendre la defenſe d'autruy, ne pouuant vous defendre vous-meſme. Ie n'en vſeray pas ainſi auec vous, & au lieu d'euoquer les Manes de ceux que vous inquietez apres leur mort, & d'inuoquer le ſecours des viuants, que vous deſchirez auec cruauté. Ie vous declare, que ie ſuis icy pour eux, & que ie prends leur cauſe en main, bien que ie n'aye l'honneur de les connoiſtre que par reputation.

Ie commence par le Sieur Triftan, que vous traitez à toute rigueur,& cependant fi l'on examine vos accufations,il ne fe trouuera que quelques traits de complaifance pour certaines familles nobles, que vous pretendez auoir efté par luy eleuées à des
dignitez qu'on ne voit point en l'hiftoire.Comme fi elle eftoit iufte en toutes chofes, & que ceux qui l'efcriuent, ne fuffent pas
des hommes foibles, ignorants, negligents , & quelquesfois paf-
fionnez : Iufques à faire des iniuftices dans vn miniftere, que
l'on ne confioit autresfois qu'à des perfonnes facrées tant il eft
fainct & venerable.  I'entrerois dans vne mer fans fonds & fans
riues , fi ie voulois rapporter icy toutes les negligences , &
les iniuftices des Hiftoriens tant anciens que modernes. Ie
me contenteray de vous dire, que Plutarque a fait vn volume entier de la malignité d'Herodote. Que Iofeph Sacrificateur
Hebreu , par negligence ou par malice n'a rien voulu dire de
la Pifcine probatique.  Que Xiphilin femble auoir pris à tâche
de renuerfer tout ce que l'antiquité à creu de la fageffe & de la
probité de Seneque.  Que noftre Gregoire de Tours homme
Sainct à obmis a deffein où autrement le Miracle de la Sainte
Ampoulle en quoy il a efté fuiui par Paul Æmille , dont le filen-
eft accufé de malignité , par Claude du Verdier Gentil-homme de Forêz.  La Sainte Lance trouuée en Antioche par reue-
lation Diuine & la Pucelle Ieanne, ont paffé pour ftratagemes
en l'efprit de quelques intereffez où mal informez.En particulier
Froiffart eft noté d'auoir efté trop Anglois, Monftrellet trop
Bourguignon , Nicole Gille trop Orleanois, de Serre & Aubigné
trop Huguenots, Mathieu Paris ancien Hiftorien Anglois ennemy declaré de la cour Romaine.  Que diray-ie de Guichardin
& de fes femblables , qui font profeffion ouuerte de defcrier tout
ce que noftre Nation a iamais fait en Italie & qu'vne paffion
aueugle a portez a des excez indignes de leur profeffion.

Mais pour venir au fait, combien de Conneftables, Chancel-
liers, Marechaux & Amiraux voyons nous chez le Feron qui ne
furent iamais , & combien au contraire y en à til eû dont l'Hiftoire mefme n'a point tenu de regiftre, non plus que cét Auteur.
Vous

Vous n'y trouuerez pas Taneguy du Chaftel en qualité de Maréchal de France,& neantmoins fes lettres font encore auiourd'huy en nature, & la fidelité inuiolable qu'il a gardée à fon Prince iufques apres fa mort meritoit bien cette grace de luy, & vn traitement plus fauorable de l'hiftoire. Et à fin de dire quelque chofe de ce bel Eftat qui contient la meilleure partie de la Gaule Romaine. Voyez en quel Chapitre de l'Ordre de l'Annonciade vous trouuerez la reception du Marquis Monty vous n'en trouuerez point. Et toutes-fois i'apprends de Monfieur Capré, qui a fait l'hiftoire de cet Ordre, & dreffé vn Catalogue tres exact de tous fes Cheualliers que fon Alteffe Royalle Victor Amé le fit reprefenter apres fa mort auec le Collier de l'Annunciade, qu'il n'eut iamais en fa vie. Ce qui pourroit mettre la reputation de cet Auteur en compromis d'icy à cent ans, s'il auoit affaire à des Iuges auffi brufques, que le Sieur Meneftrier.

Apprenez, Monfieur, par ces exemples, & par voftre propre experience, combien nos connoiffances & nos lumieres font limitées. Monfieur Triftan a eu les fiennes, qui ne font pas venuës iufques à vous. Mais quelles eftoient les voftres, & quels guides auez vous fuiuis en la page cent feptante-quatre de voftre Liure, ou de feptante-deux Gentils-hommes, & puis c'eft tout, vous faites vn fils d'Empereur, neuf fils de Roys, quatorze de Ducs, trente de Comtes, & le refte à proportion, & ce qui eft eftonnant & bien efloigné du Prouerbe, tous Docteurs en Droict Ciuil & Canon. Dites nous donc, ie vous prie, qui eftoit ce fils d'Empereur, qui renonça à la Pourpre pour embraffer la mortification figurée par l'Aumuffe? Il y en auoit trois en ce temps, deux en Orient, & vn en Occident. Mais il n'eft pas befoin de vous interroger, vous vous eftes affez expliqué. Car'ayant dit abfolument que c'eftoit le fils de l'Empereur, il eft euident, que vous auez entendu parler de l'Empereur d'Alemagne, qui eftoit alors Frideric fecond, degradé de l'Empire en l'année 1245. qui eft proprement le temps auquel vous affemblez le glorieux Chapitre, dont vous parlez en ce lieu.

Y

Ce qu'estant ainsi, dites nous vn peu ie vous prie, où estoit cet Empereur Chanoine, ou ce Chanoine Imperial, pendant qu'on détrônoit son pere, & qu'on le depouilloit de la premiere Dignité du monde? Fils desnaturé! permettez-moy d'apostropher vn peu cet illustre Chanoine; dormiez-vous en ce temps? Que si vous veilliez, comment est-il possible que vous ayez veu esgorger vostre pere, pour ainsi dire, sans ouurir cette bouche diserte, en vne occasion où les muets deuiennent eloquents? Pesez bien cette piece, Monsieur, & la mettez en la balance auec toutes les jongleries pretenduës du Sieur Tristan, & vous trouuerez qu'elle l'emporte de beaucoup. Ie ne doute pas au reste, que vous ne fassiez tous vos efforts pour sauuer cette fable. Vous alleguez à l'auance vn Registre de la Chambre des Comptes, où vous pretendez, qu'elle soit inserée. Mais si ce Registre estoit authentique, il deuroit bien plûtost estre dans les Archiues de cette Eglise, que dans la Chambre des Comtes. Que si vous repliquez, qu'elles ont esté brûlées; on vous répond, que les histoires & les Registres tant de l'Empire que des autres Royaumes de la Chrestienté n'ont pas esté brûlez. Et ie peux dire des Genealogies des Princes, qu'elles ont esté toutes escrites auec autant de soin, comme si le Messie auoit eu à naistre de chacune de ses familles Royales en particulier.

Ie n'aurois donc pas beaucoup de peine a vous marquer icy, les noms aâges & qualitez de touts les enfants des Roys & Princes de l'Europe, en l'an 1245. Et pour ce qui concerne la maison de Frideric second, toute la terre sçait qu'il eût quatre masles. Deux legitimes, Henry & Conrad, qui gousterent tous deux de l'Empire, & deux Bastards Entius Roy de Sardaigne & Mainfroy Roy de Sicile. L'on sçait aussi qu'els furent les freres & les enfants de Saint Louys qui regnoit en ce temps, & l'on n'ignore pas qu'elle a esté la posterité des Roys d'Angleterre, Boheme, Dannemark, Suede Noruegue Pologne, & Hongrie & au Couchant des Roys de Nauarre, Arragon, Castille & Portugal. Et quelque diligence que iaye sceu faire, ie n'y trouue aucũ vestige de ces Chanoines de Lyon. Où voulez vous
donc

donc que nous prenions touts ces fils de Roys dont vous com-
posez ce glorieux Chapitre de l'an 1245. Ie vous le diray Monsieur. Ce sera dans les Archiues du Royaume de la Lune & 
pays adjacents, descouuerts autres fois par Lucien, Illustrez de 
nos iours par vn curieux qui s'est efforcé d'en demonstrer l'existence, & ie ne doute point que le docte Pere Cluuerius Minor, 
n'en face bien tost vne plus exacte description.

L'Isle des lampes où des lanternes si vous voulez se trouue en 
la mesme Côtrée, & ce sera de cette Isle que vous ferez parestre 
sur le Teatre du monde, ces Roys fanatiques & fantastiques 
Illustres progeniteurs de vos Chanoines de Lyon. Nõ Monsieur, 
croyez moy, ne cherchez plus ces fils de Roys dans l'ancien 
monde, Vous ne les y trouuerez pas, quoy que disent Charpin 
Sarasin, & Seuert. Ils en ont bien oüy parler, mais ils n'en donnent aucune preuue, non plus que les Historiens du Liege qui 
ont flatté leur Eglise d'vne pareille sornette, sans toutes-fois en 
articuler le temps, à fin qu'il fût moins aysé de les conueincre 
de mensonge. Et pour celle de Lyon si Monsieur de Sponde 
y eût trouué quelque vray semblance, il n'auroit pas precauti-
onné ce qu'il en a dit aprez ces modernes de cette particule de 
deux lettres qui garde les sage de mentir.

C'est ainsi Monsieur que vous en deuiez vser, si vous eussies 
eu quelque soin de voftre reputation. Mais ceux qui com-
mercét de tout ne font pas beaucoup d'estat d'vne chose si fluide, 
quant il sagist dé l'interest. Vous recherchez des biens plus ma-
teriels que celuy cy. Et comme les richesses donnent beaucoup 
d'esclat à la vertu dont vous faites profession, vous negligez ay-
sement la renommée, qui n'est que la seruante & la fourriere 
des vertus, pour veu que vous ayes les richesses & la vertu: Où les 
richesses seules, mesme sans la vertu. Ainsi aux despens de voftre 
reputation vous ionglez ouuertement ces Messieurs de l'Eglise, 
de Lyon pour reparer en quelque maniere le tort que vous pretendez vous auoir esté fait par le Sieur Tristan. Iexplique cecy. 
Nous parlions tantost de conjectures, mais il y a i'cy quelque 
chose de plus. Et pour parler franchement la presumption est

violente, que vous n'auriez pas traité si indignement vne perſon
ne du merite du Sieur Triſtan, ſi l'acceuil que la ville de Lyon
à fait a ſes ouurages, n'auoit deconcerté, le deſſein que vous
auiez conceu de luy preſenter vne bagatelle, & Dieu ſçait à
quelle fin.

Voyla, Monſieur, toute l'intrigue, voila, dis-je encores vne
fois, le veritable motif de la querelle que vous auez faite de
gayeté de cœur, à cet honneſte homme que vous connoiſſez
tres-mal. Examinez ſans paſſion tout ce qu'il a dit de quelques-
vns de vos Compatriotes, & vous n'y trouuerez rien que de tres-
raiſonnable. Quoy qu'il en ſoit, vous n'eſtes point ſon Iuge, &
vous aurez toûjours tres-mauuaiſe grace d'vſurper cette autorité, eſtant redeuable à la Iuſtice publique de mille ſeruilitez, baſ-
ſeſſes & jongleries dont vous auez vſé à l'endroit de tous les Ordres de l'Eſtat, au preiudice de la verité & de voſtre reputation,
comme ie vais vous faire voir.

Ie commence par Noſſeigneurs les Eueſques. Et ie conſide-
re, qu'encores que vos Reuerendiſſimes ne ſoient pas en reputation d'eſtre trop reſpectueux à l'endroit de ces Princes de l'E-
gliſe: Toutesfois comme vous eſtes ſoupple & accort, vous vous
accommodez au temps & faites ceder quelquesfois les maximes
generales à l'intereſt particulier. En vn mot, vous eſtes ieune &
n'eſtes pas tellement lié à la ſocieté, que vous n'en puiſſiez ſortir vn iour, & vous voir en eſtat d'auoir beſoin des graces, & fa-
ueurs de ces diſpenſateurs des Treſors de l'Egliſe. Voyla pourquoy vous les jonglez & non content de leur donner des Armes
en peinture. Vous leur mettez les Armes materielles en main en
tant qu'en vous eſt. Vous en feriez meſme des Generaux d'armée, ſi vous pouuiez, & au lieu de leur propoſer les Oracles ſa-
crez de la Verité, puiſes de l'Eſcriture ſainte, des Conſtitutions
Apoſtoliques & des Decrets des Papes, vous leur alleguez des
exemples ſcandaleux de quelques Prelats eteroclites, qu'on a
veus à la teſte des Armées Chreſtiennes contre des Chreſtiens,
dans vn ſiecle qu'vn Hiſtorien moderne a tres-iuſtement nommé
le ſiecle de fer.

Ie

Ie ne denie pas pourtant que quelques Sainâs Prelats nê
ſe ſoient trouuez dans des armées Chreſtiennes. La memoire du Sainâ Eueſque du Puy Aymar eſt en benediâion parmy tous les gens de bien, pour auoir conduit la premiere Croi-
ſade en la Terre ſainâe auec Godefroy de Boüillon. Nous liſons
auſſi auec edification ce qu'eſcrit le Chancellier d'Antioche, de
l'Archeueſque de Ceſarée Enzomer, qu'il fut veu en teſte des
eſcadrons Chreſtiens : *Non Lorica, ſed Sacerdotali ſuperpelli-*
*ceo indutus Crucem Domini venerabilibus geſtans manibus.* Pleuſt
à Dieu, Monſieur, que l'Eueſque de Beauuais, dont vous nous
parlez, euſt eſté de cette trempe, & qu'il ſe fuſt propoſé vne fin
autant Chreſtienne, que celle de ſes grands hommes dans toutes ſes factions militaires, ſa vertu en auroit eſté plus vniuerſellement loüée des gens de bien. Quoy qu'il en ſoit, ie ſuis fort
joyeux d'entendre de voſtre bouche les actions genereuſes de ce
Prelat à la Bataille de Bouines. Mais vous ne deuiez pas oublier
ce qui luy eſtoit arriué quelques années auparauant; Qu'ayant
eſté pris les Armes à la main par le Roy Richard d'Angleterre, il
le fit long-temps croupir dans vne dure priſon, ſans le vouloir
mettre à rançon, quelques prieres qu'on luy fiſt pour cela. Le
Pape meſme, dont on mandia l'interceſſion, ne s'en mit pas
beaucoup en peine, dont voicy la raiſon rapportée par Guillaume de Neuf-bourg : *Conſiderans enim quod Rex Anglorum Ep-*
*ſcopum non prædicantem, ſed proeliantem & rigidum magis*
*hoſtem quàm pacificum Præſulem teneret in vinculis, vt vinctum*
*relaxaret illi moleſtus eſſe noluit: Sed interpellanti (ſcilicet Epi-*
*ſcopo) ſapienter, & diſcretè reſpondit, improperans quòd ſacula-*
*rem militiam Eccleſiaſticæ prætuliſſet & pro baculo Paſtorali lan-*
*ceam, pro Mitra galeam, pro Alba loricam & clypeum pro Stola*
*ſumſiſſet & gladium ferreum pro gladio ſpiritus quòd eſt ver-*
*bum Dei neganſque ſe pro eo imperaturum Regi Anglorum, ſed op-*
*portune ſupplicaturum pollicens.*

Vous citez auſſi les Capitulaires de nos Roys en faueur de
ces Eueſques guerriers. Et c'eſt vne choſe deplorable, qu'vn
homme de voſtre Profeſſion ne paſſe ſur ces Liures, que comme

Z

les araignées & les chenilles sur les plus belles fleurs. Estudiez les mieux, ie vous prie, & vous apprendrez, que si nos Prelats alloient en ce temps à la guerre, ce n'estoit que pour y faire ce que dit Sainct Thomas 2. 1. *quæst.* 40. *Non vt ipsi propriâ manu pugnarent, sed vt iuste-pugnantibus spiritualiter subuenirent.*

Il confirme son opinion par l'autorité de l'Escriture saincte, en Iosué & ie la pourrois illustrer par la practique vniuerselle, de toutes les Nations qui auoient leurs Prestres & Sacrifices militaires. Ie me contente de vous dire, que comme les Alemans portoient à la guerre & mesme au combat les Simulacres de leurs Diuinitez. Ainsi nos Roys sortis de ces peuples conuertissans en Religion ce que leurs Maieurs faisoient par superstition, n'entreprenoient rien d'important en paix ou en guerre, qu'ils ne fussent accompagnez des Reliques, des Saincts. C'est ce qu'a remarqué Gregoire de Tours, *lib. 6. cap. 17.* de son histoire, parlant de Chilperic en ces termes : *Reliquiis multorum Sanctorum præcedentibus vrbem ingressus est.* Le Rationaliste Durand a aussi obserué apres Valafridus Strabo & le Moine de sainct Gal, que le terme François *Chappelle* est ainsi dit, *A Cappa sancti Martini quam Reges Francorum ob adiutorium victoriæ in præliis solebant secum habere, quam ferentes & custodientes cum cæteris Sanctorum reliquiis Clerici, Cappellani cæperunt vocari.*

Il n'est pas besoin de vous dire, que l'Oriflamme mesme leur estoit baillée en ceremonie par l'Abbé de sainct Denys, auquel on la remettoit la guerre estant finie. Suffit que pour la garde de ces choses Sainctes, nos Roys menoient auec eux en guerre non seulement des Prestres & Clercs, mais encores des Euesques, dont la charité venant à se refroidir, il ne faut point douter, que se voyans dans le peril, ils n'ayent eu plus de confiance aux Armes materielles defensiues, qu'au secours des Saincts qu'ils auoient en garde. Et comme toutes choses se peruertissent auec le temps, qu'apres s'estre armez pour se defendre, ils ne se soient enfin meslez auec les ennemis. Mais ce desordre fut bien tost reprimé, par le chapitre 61. du Liure 6. qui parle ainsi:

*Si*

*Si quis Episcopus, &c. Ad bellum processerit, & arma bellica indutus fuerit ad Belligerandum, ab omni officio deponatur.*

Notez qu'il estoit defendu aux Euesques de s'armer pour combattre, non pas pour se couurir. Mais dautant que le nombre en estoit quelquefois trop grãd & que demeurans les bras croisez, ils empeschoient les gens de guerre de combattre. Les deux autres Estats presenterent à l'Empereur Charles vn placet admirable contenu au mesme Liure 6. des Capit. chap. 185. pour le supplier de ne plus souffrir que ces Personnes sacrées vinssent *in hostem*, c'est à dire en l'Ost. Ils deplorent les disgraces de quelques-vns qui y ont esté blessez, ils representent la consternation du reste de l'Armée en ces accidens. Enfin ils concluent, que les Euesques demeurans dans leurs Eglises, le nombre des combattants s'augmentera, parce que le reste des soldats, qui ne s'occupe qu'à les defendre combattra de toutes ses forces, quant il sera deliuré de ce soin.

Ie quitte ce propos odieux pour reuenir aux Armoiries, dont le seul nom nous fait assez connoistre qu'elles ne sont pas seantes aux Ecclesiastiques : voylà pourquoy ie les leur osterois volontiers, de l'autorité de Saint Charle Borromée, qui est loué d'auoir laissé les siennes des plus nobles du Milannois, pour prendre l'image des Saint tutelaires de son Diocese : suiuant la loüable coustume de nos anciens Euesques, qui n'auoient point d'autres seaux, & enseignes. L'vsage neantmoins l'ayant emporté sur la raison, & ces enseignes militaires n'estant plus emploiées qu'à des vsages de paix, ie ne m'y opposeray pas. Mais aussi de prendre tant de peine pour les orner, & attiffer pour ainsi dire, & de plonger ces Messieurs dans la vanité iusques par dessus la Mitre. C'est ce qui fait conoistre vostre dessein, & qui vous rend inexcusable. En effect il y à du plaisir de voir le soin que vous prenez à ranger cette Mitre dessus vn Escusson où elle ne deuroit point estre du tout. Et i'en fais iuges ces Messieurs. Ma raison est que cèt ornement quoy que mysterieux, est commun à presque toutes les Dignitez Ecclesiastques au dessus, & au dessous de l'Espiscopat. Aux Superieurs comme au Pape qui eſt le ſouuerain Eueſque, & aux Cardinaux non Eueſques qui ſon ſeruent auſſi bien que les Eueſques, aux inferieures comme aux Abbez, & ce qui eſt notable dans le Lyonnois aux Doyen Chanoines, & Chapitre tant de la Cathedralle que des Collegialles iuſques aux Chanoines reguliers de l'Egliſe, de Saint Irenée.

Ce qui ne ſe peut pas dire de la Croſſe. Car le Pape, & les Cardinaux n'en vſent point, ſi font bien les Abbez mais elle ne deſcent pas plus bas. Tant y à qu'il n'y a pas long temps que les Eueſques, ne m'ettoient point de Mitre ſur leurs Armes non plus que les Abbez. Et au contraire les vns, & les autres y ont touſiours mis la Croſſe tournée du coſté droit comme elle doit eſtre quoy que diſent nos modernes, qui ne ſçauent pas qu'il y a quantité d'Abbez dont la juriſdiction eſt plus eſtenduë, que celle de pluſieurs Eueſques, comme celuy de Vezelay qui auoit Iuſtice & Officiauls ſur dix-ſept villages ſans comter les Prieurés en deſpendans, dont le nombre eſt tres grand.

Vous ionglés encore Meſſieurs les Eueſques d'vn autre coſté, mais auec moins de iugement lors que vous leur attribuez les couronnes appartenantes aux dignites temporelles des Aiſnés de leur maiſon. Adulation d'autant plus i'mpertinente que ces veritables Leuites ont renoncé iuſques au nom de leur famille, ſe contentants de celuy, par lequel ils ſont faicts membres de celle de Ieſus-Chriſt au Saint Bateſme. Ce qui pourroit bien auoir eſté le motif pour lequel, Innocent dixieſme deffendit ce faſt aux Cardinaux iſſus de maiſon ſouueraine.

En fin les Archeueſques comme chacun ſçait, Primats & Metropolitains ont droit d'Officier auec la Croſſe & la Croix toute ſimple à l'ordinaire. Et vous, Monſieur, qui ne cedez en jonglerie à qui que ce ſoit, & qui ne croiriez pas eſtre habile homme, ſi vous n'auiez adiouſté quelque choſe de nouueau aux droicts honorifiques de nos Prelats, apres auoir donné aux Archeueſques vne Croix double. Vous en attribuez vne ſimple aux Eueſques, ce qui vous obligera d'adiouſter vn Chapitre au Ceremonial & Pontifical, pour leur en apprendre l'vſage.

Croyez

Croyez moy , laiſſez nos Eueſques en leur ancien eſtat : &
pour les Archeueſques imitez voſtre graueur, qui s'eſt mocqué
de voſtre ordonnance. En effet c'eſt aſſez d'vne Croix pour vn
Prelat, encore n'eſt elle que trop peſante à qui s'en veut bien
acquiter. Ie n'ignore pas au reſte que les Patriarches propres,
d'Antioche Alexand. de Conſtantinople n'ayent eſté flattez de
cette enſeigne de leur Dignité. Mais nous n'en auons point en
France de cette nature. Et ſi l'on examine bien les choſes, il ſe
trouuera , que les pretentions de quelques-vns des noſtres pour
cette dignité ne ſont fondées, que ſur quelques ſtyles de Secre-
taires , qui ont confondu les tiltres de Patriarches & de Primats;
en quoy ils ſont dautant plus excuſables que le Pape Innocent
troiſiéme a iugé la queſtiõ & declaré, que dans l'vſage de la Cour
Romaine , & au langage de l'Egliſe : *Primas & Patriarcha pe-*
*ne penitus idem ſonant, cum Patriarcha & Primates teneant vnam*
*formam licet eorum nomina ſint diuerſa.*

Tant y a, que ſi les Tiltres donnez en cette maniere, pouuoient éleuer les Prelats à quelque rang ou dignité plus eminéte
que celle dont ils ſont en poſſeſſion & qu'il y eut quelque myſtere en ces Croix reſultant de la dignité Metropolitaine, Primatiale
ou Patriarchale, ſi les Archeueſques doiuét porter la Croix double, les Primats, qui ont vn degré par deſſus les ſimples Metropolitains la doiuét auoir triple & les Patriarches quadruple. Ce qu'e-
ſtant ainſi, que donnerez-vous au Souuerain Pontife , lequel
pourtant ne s'attribue rien d'extraordinaire dans cette plenitu-
de puiſſance? Ie m'en rapporte à vous & à tous nos nouueaux
Maiſtres de ceremonies , que ſe diſtillent la ceruelle, pour inuen-
ter quelque agreable nouueauté en faueur des Puiſſants de tous
les Ordres. Nous auons veu vne partie de ce qu'ils ont fait pour
le Clergé, voyons tout d'vne ſuite comme ils ont operé pour acquerir les bonnes graces des Dignitez ſeculieres.

Ie vous diſois tantoſt, que le Marteau d'Armes a eſté la marque de la Dignité de Conneſtable. Mais plus communement ont
ils porté, ou fait porter l'eſpée, quelquesfois engainée & quelquesfois nuë. Ce que nous liſons d'Arthus Duc de Bretaigne &

A a

Connestable de France, lequel estant venu en Cour du temps du Roy Charles huictiéme, il fit porter deux espées nuës deuant soy, l'vne comme Duc de Bretaigne, & l'autre comme Connestable. Ie vous diray aussi que i'ay veu l'Image de Gaucher de Chastillon, Connestable de France, portant l'espée de sa Charge dans vn fourreau Semé de Fleurs de Lys. C'est ainsi que le grand Escuyer porte celle du Roy en ceremonie. On a aussi donné depuis peu deux bastons fleurdelisez, passez en Sautoir aux Mareschaux de France & tout cela auec quelque sorte de raison, puisque ce sont les marques de leurs charges & qu'en effet ils en portent au moins vn, dans les occasions.

Mais que veulent dire ces Masses, que vous auez ajoûtées aux Armes de Monsieur le Chancellier. Ce souuerain Chef de la Iustice, porte-t'il ces Masses, ou si ce sont ses Huissiers ? Vous me direz sans doute, que ce sont les Huissiers. Ce qui n'est pas nouueau, l'histoire obserue que Iourdain de l'Isle, Seigneur de marque, fut pendu & estranglé, pour vn excez commis à l'endroit de deux de ses Officiers qu'il fit empaler auec leurs masses. Ce qu'estant ainsi, qu'elle impertinence, de ioindre aux armes de cette excellente charge les bastons de ces vils Officiers, & d'vn Chancellier de France en faire vn Huissier à la chaine?

Voyla, Monsieur, les effets de vostre jonglerie, beaucoup moins iudicieuse que celle dont vous accusez le Sieur Tristan l'Hermite, ce qui soit dit en passant & par occasion sans preiudice de la response qu'il vous prepare, qui sera dautant plus puissante, qu'il a entre les mains les pieces iustificatiues de tout ce qu'il a dit en faueur de ces Illustres, dont il a donné les eloges. Nous verrons cependant, ce que vous auez à dire contre le Sieur Capré, Maistre des Comptes de Sauoye, à qui vous imposez vn crime dont vous le purgez vous-mesme.

Certes si par vos maximes nous deuons auoir recours aux Originaires des lieux, pour apprendre la verité de qui se passe chez eux, qui ne croira, que le Sieur Capré, qui est homme iudicieux & de condition à sçauoir les affaires de son pays par les principes, n'en soit mieux informé & ne les sçache mieux en effet

que

que le Sieur Meneſtrier, qui eſt pour l'ordinaire eſtranger en ſon propre pays, tant s'en faut qu'il puiſſe ſçauoir les choſes plus eſloignées & reculées de ſa connoiſſance.

Vous direz tout ce qu'il vous plaira, mais apres tout, vous ne nous perſuaderez pas que ce perſonnage qui a eſté nourry en la Cour de Sauoye, qui a eu accez dans le Cabinet & dans les Archiues de Turin & de Chambery. Qui a conferé auec tous les doctes & curieux de cette Cour, l'vne des plus polies de l'Europe, qui a veu, touché & manié mille & mille Eſcuſſons de ſes Princes en bois, en pierre, verre, peinture & tapiſſerie, ait peu ignorer ce qui eſt connû au moindre petit Officier de cette Cour. I'eſtime donc, que vous eſtes non receuable en cette cauſe & qu'il n'y a perſonne, qui ne vous condamne ſur l'Etiquette du ſac. Mais afin que vous ne m'accuſiez pas de precipitation, ie veux examiner vos raiſons & y repondre ſans paſſion.

Vous dites, que le Sieur Capré s'eſt mepris de donner pour cimier à ſon Alteſſe de Sauoye deux demy colomnes couronnées, d'où ſortent des plumes de paon, qui eſt le cimier de Saxe, dont la Royale Maiſon de Sauoye eſt deſcenduë. Expliquez vous plus nettement, ſi vous pouuez, ſinon il n'y a perſonne de bon ſens, qui ne iuge que vous eſtabliſſez l'opinion du Sieur Capré au lieu de la combattre. Car ſi ces demy colomnes ſont le cimier de la Maiſon de Saxe & que la Maiſon de Sauoye ſoit iſſuë de cel-le-là, quel inconuenient que l'vne & l'autre porte vn meſme cimier. Il ſemble pourtant, que vous ayez eu quelqu'autre penſée que vous n'auez pas peu bien exprimer, car vous dites puis apres, que ces colomnes doiuent eſtre deux hauts bonnets, ou tuyaux de plumes à l'Orientale, dequoy vous n'apportez aucun garend, & ie ne vois pas que les Ducs de Saxe & de Sauoye ſoient beaucoup plus honorez de porter ſur leur Heaulme des bonnets ou turbans de Ianiſſaires que ces deux demy colomnes.

Vous faites neantmoins fort l'empeſché & nous propoſez deux queſtions fort ardues pour faire connoiſtre l'inconuenient, qui reſulte de ces deux colomnes. Vous demandez en vn mot, que feroient des plumes ſur des colomnes, &

pour

pourquoy des colonnes pour cimier fur des Armes, qui n'en ont point dans l'Eſcu. Et on reſpont à la premiere que tout ce qui regarde les Armes, & les cimiers depent entierement du caprice comme vous l'enſeignez vous meſme, & partant vous n'eſtes pas raiſonnable de demander raiſon d'vne choſe qui n'eſt point ſoumiſe au raiſonnement. Et quant à la ſeconde on vous dit ce qui eſt conu au moindre nouice de l'art qu'il n'ya aucune neceſ-ſaire liaiſon entre le Cimier, & les figures de l'Eſcu. Dequoy il ſe trouuera vn nombre infini d'exemples des milleures maiſons de la Chreſtienté. Celle de Gouzague entr'autres à le mont Olympe pour Cimier lequel n'eſt point dans ſes Armes. Apres quoy vous ne deuez pas vous eſtonner ſi vous voyez des colon-nes fur les Armes de Sauoye, encore qu'il n'y en ait point dans le Blaſon, & beaucoup moins apprehender que les Hercules de Sauoye ne ſoient aſſez robuſtes pour porter ces colonnes (qui ſont peut eſtre la figure de leurs Alpes) auſſi loing, que celles de l'Her-cule de la Grece, & peut eſtre encore *plus outre*, en qualité d'heritiers de Charle Quint, leur grand ayeul, qui les porroit pour deuiſe comme ceux cy pour Cimier.

Au reſte ie n'ay rien à dire pour deffendre la memoire du Sieur Vulſon la Colombiere, qui n'eſtoit pas impeccable non plus que le Pere Monet. Vous donnés le tour peigne à l'vn, & a l'autre, mais vous ne leur faites pas grand mal, & ie connois aux loüanges que vous donnez à ceſtuy-cy, & aux Lambeaux des ouurages de ceſtui la dont vous auez rapiecé le voſtre que vous ne blaſmes ces Aureuts que pour mieux cacher voſtre larrecin.

Vous eſtes plus iniuſte à l'endroit de Nicolas Vpton, Cha-noine Anglois, que vous faites reuenir de l'autre monde deux cents ans apres ſa mort, pour quereller le meſme Vulſon, & le Pere de Varennes. Prenez y garde, & vous verrez que ce crime n'eſt point du Chanoine, ainſi d'Edouart de la Biſche, Gentil-homme de la meſme nation dont les ſçauantes, & curi-euſes reflexions ont eſté Imprimées auec les œuures de l'autre ce qui vous à fait donner dans le panneau. Ce crime pourtant eſt aſſez gratiable, & il eſtoit fort ayſé de vous en faire auoir
aboli-

abolitiō. Mais vous ne voulez pas aduoüer la debte vous croyez
au contraire d'auoir bien rencontré, & comme vous estes
doüé d'vn profont raisonnement, vous nous voudriez persuader que comme les Gloses de Minos sur Alciat passent pour
Alciat mesme ( ce sont vos termes) Ainsi les notes de la Biche sur
Vptō peuuent estre citées sous le nom d'Vpton. De maniere qu'à
l'aduenir, le bon homme Accurse passera pour Papinien ; Les
Notes d'Erasme sur l'Euangile deuiendront Euangile, & les he-
retiques de ce temps feront dire à Saint Paul que le Mariage,
n'est ny Mystere, ny Sacrement, parce qu'Erasme qui est la
mesme chose que Saint Paul (à vostre dire ) le iuge ainsi dans
ses Notes,

Ie suis aussi obligé de me deffendre en la personne de Louuan Geliot, que vous accusez de n'auoir pas entendu, le terme CLESCHE', employé dans le Blason des Comtes de Tholose, dont la Croix est dite *Cleschée* c'est à dire, vuidée & per-
sée à iour. Qui est le veritable sens de ce terme singulier. Et
outre l'autorité de Louuan Geliot, qui vaut bien la vostre
nous auons encore celle d'André Fauin T. 1, du Theatre d'honneur, page 770. où il dit que le Collier, de l'Ordre de l'Espe-
rāce estoit composé de *Lozenges entieres & demies à double orle,
émailléez de vert*, OVVERTES & CLESCHEES *& remplies de
Fleurs de Lys d'or*. En fin ie croys auoir rendu cette opinion
indubitable, par l'autorité de Monsieur Pithou, qui m'a obligé
de me defaire d'vne pensée que iauois eüe sur ce sujet. Et c'est
vne chose estrange, qu'apres m'en estre expliqué si nettement,
vous me vouliez faire croyre que ie me sois attaché à vne opinion que ie condanne en termes exprez. Reuoyez mes Origines
si bon vous semble, & vous verrez que ie suspens mon iugement, & me soufmets à celuy dudit Sieur Pithou, de qui i'apprends que ce terme, *Clesché* est venu de l'Aleman *Sclis
Vnde*, HERISCLIS, *Excercitus Scissio*, qui est le contraire de HERIBAN, *Excercitus conuocatio*. Ie remarque encore auec luy, que de ce mesme terme SCLIS, on à fait *Esclesche,
& Esclefchement* de fief pour dire partage de fief. Et la *Croix*

B b

*Cleschée*, i. e. percée où vuidée comme d'Hozier & les modernes parlent pour euiter la rencontre d'vn terme scabreux, & peu intelligible. Mais de touts ceux la il n'y à pas vn qui se soit aduisé de dire que la Croix de Tholose ait esté dite Cleschée, par ce que les extremitez de cette Croix sont arrondies comme les Clefs communes de ce temps. En effect ces extremitez sont en Lozange. D'ailleurs l'analogie ne nous permet pas de faire *Cleschè* de *Clauis*. De là nous tirons le Clauier des Orgues où de l'Espinette. On enferme aussi diuerses clefs dans vn anneau de fer ou d'acier qu'on appelle vn clauier en France, & dans vostre ruë vn clauandier. En Prouence on dit clauar pour fermer. Ils ont aussi des Clauiers, *Clauarij* dans les tiltres, ce sont Officiers de ville deputés à la garde des Archiues, si ie ne me trompe, & c'est tout ce qui se peust faire de *Clauis*.

Nous en demeurerons là pour le present. Car il n'est pas necessaire de faire l'Apologie de Monseigneur l'Euesque de Salusses que vous importunez de vostre caquet aussi bien que les autres. Le merite de ce Prelat luy est vn bouclier à sept doubles, que vous ne sçauriez penetrer, & le rang qu'il s'est acquis parmy les Doctes, le met si haut au dessus de vostre teste, qu'il est bien malaisé que vous luy puissiez donner atteinte. Mais c'est toûjours vne audace insupportable, & vne temerité sans pareille à vn homme de vostre taille de vouloir censurer vne personne de la sienne. Apprenez, apprenez, petit Escolier que vous estes, qu'il y a vne disproportion presqu'infinie entre les chardons des valées, & les Cedres du Liban. Apprenez, dis-ie, petit Aduenturier, qu'à la guerre, & aux eschecs le Roy ne se prend point par vn Pion. Au reste ie voy bien que c'est, tout regulier que vous soyez, vous estes agité d'vn chaud & ardent desir d'honneur & de gloire, mais la voye que vous prenez pour y arriuer est tres-dangereuse. Croyez-moy, changez de methode defaites vous deuant toute chose de cette enflure de cœur, qui ne vous permet pas de demeurer dans vostre peau, honorez vos anciens au lieu de les picoter, que si vous iugez qu'il soit necessaire d'ecrire contr'eux, imitez Chrysippe, qui tout habile homme qu'il

estoit

estoit se vante d'auoir pris de l'hellebore plus d'vne fois pour se bien preparer à escrire contre Zenon, croyez moy, mon Cher, ie vous le dis encore vne fois, faites-en de mesme. Sinon i'apprehende, qu'il ne vous en arriue autant qu'à vn des Disciples du celebre Timothée, dont l'histoire toute funeste qu'elle est ne laisse pas d'estre plaisante & ridicule.

Ce ieune homme s'appelloit Armonide, & comme il estoit cupide d'honneur aussi bien que vous, il alla vn iour rrouuer son Maistre, & luy tint ce discours. Mon Maistre, dit-il, i'ay eu ce bon heur d'estre vostre Disciple, & ie vous rends ce tesmoignage, que vous m'auez enseigné vostre Art auec toute la sincerité, & fidelité possible. De vostre grace, ie sçay parfaitement bien accommoder le pipeau de ma flute, ie remuë les doigts haut & bas auec dexterité, vous ne m'auez rien caché des secrets de vostre Art, vous m'auez enseigné tous les modes, le Phrygien, le Lydien, l'Ionique, le Dorique, & j'y reussi s à merueilles. Mais ce n'est pas tout, il y a encor ie ne sçay quoy de plus important que vous ne m'auez point monstré, & toutesfois c'est cela seulement pourquoy ie me suis mis sous vostre discipline, plûtost que d'aucun autre. En vn mot, ie ne voulois pas seulement estre excel lent Menestrier, mais i'ay pretendu & desire encore, s'il se peut, en acquerir le bruit & la reputation, en telle sorte, qu'en quelque lieu que ie me trouue, ie tienne le haut du paué, & sois discerné, connu & distingué dans la plus grande foule. Bref, que ie ne passe en aucun lieu, que ie ne sois regardé auec admiration, & qu'on ne die si haut que ie l'entende οὗτος ἐκεῖνος Ἁρμονίδης ἐστὶ ὁ ἄριστος αὐλητής. Le voyla, le voyla, le voyez vous pas ce grand Armonide, cet excellent Flusteur. Tout ainsi qu'il vous arriua la premiere fois que vous sortites de la Beotie, quant apres auoir ioüé & representé l'A i a x Furieux, vous rendites vostre Art & vostre nom si celebre, qu'il n'y auoit personne, qui ne tint à honneur de connoistre Timothée le braue Thebain, si bien que par tout où vous vous trouuiez tout le monde y accouroit en foule, comme les Oisillons s'assemblent en trouppe à l'entour d'vne Chouëtte. Voyla, dit Armonide, pourquoy i'ay tant desiré d'e

stre

ſtre Meneſtrier ; voyla pourquoy i'ay pris tant de peine pour me rendre bon Fluſteur. Car à vous dire le vray, ſi i'auois creu deuoir demeurer caché dans quelque coin ſans eſtre connu de perſonne, ie n'aurois pas donné vn bouton de toute ma ſcience, quand elle auroit eſgalé celle d'Olympe, & du fameux Marſyas.

Il n'eſt pas neceſſaire de vous raconter icy tout ce que l'Ambitieux Armonide put dire au bon Timothée, pour l'obliger à luy deſcouurir ſon ſecret. Suffit que ce Sage luy donna vn conſeil excellent, s'il euſt ſceu s'en ſeruir. Armonide, luy dit Timothée, ce que tu demande n'eſt pas peu de choſe, ie te l'apprendray neantmoins en peu de paroles, & tu viendras à bout de tes deſſeins, ſi tu me veux croire. Ie trouue bon, que tu te faſſes voir quelquesfois, & que tu te porte dans les Aſſemblée publiques afin qu'on ſçache ce que tu ſçays faire. Mais il faut de la meſure en cecy, & ne te conſeille pas de te produire en toutes rencontres. Fais ſeulement vne exacte recherche de tout ce qu'il y a de grand, de puiſſant & de riche dans toute la Grece. Fais-toy connoiſtre à ces Puiſſants, que ſi vne fois tu peux gaigner l'aureille de ces Meſſieurs, tu as tout gaigné. Car comme aux Ieux Olympiques & autres ſemblables Aſſemblées le prix ne ſe donne pas à l'appetit d'vne multitude ignorante ; mais de cinq ou ſix perſonnes de qui deſpendent toutes choſes ; ainſi dit Timothée ſi tu peux vn fois te rendre agreable à ce petit nombre de perſonnes dont le credit & l'autorité entraine tout le reſte, tu feras en bref au comble de tes deſirs. Tel fut le conſeil du ſage Timothée, qui euſt eu ſon effet ſans doute, ſi le miſerable Armonide euſt eſté homme de ceruelle. Mais le pauure eſtourdy en fit ſi mal ſon profit, qu'au beau premier concert où il ſe trouua, il ſe prit à ſoufler & à fluſter d'vne telle violence, qu'il creua & tomba roide mort ſur le theatre à la veuë de toute la Grece.

Voyla, Monſieur, le ſuccez des deſſeins ambitieux de cet inſolent Fluſteur, auec lequel vous auez autant de rapport que de ſympathie. Il eſtoit Meneſtrier de profeſſion, vous l'eſtes de nom, d'inclination & pourquoy non de profeſſion ? certes, Monſieur,

sieur vous en prenez la qualité dans l'Epigramme suiuant que vous auez fait en ma faueur :

> *On dit dans tout le voisinage,*
> *Qu'en vain vous faites le Coureur,*
> *Puis qu'vn Ménestrier de Village*
> *A fait danser le Laboureur.*

Il estoit ieune, vous n'estes pas vieil ; il estoit vain, orgueilleux & ambitieux, & de ce costé vous le deuancez de cinquante parasanges ; il monta sur le Theatre pour publier sa suffisance & ie ne crois pas vous offenser, si ie dis ce que tout le monde sçait, que iamais vendeur de baulme ne sceut si bien epiloguer les excellences de ses drogues que vous vos voyages, vos remarques, vos ouurages & vos desseins pour vne longue suite d'autres pieces rares, qui feront honte à toute l'antiquité. Et vous auez cecy par dessus Armonide, que comme tous les Empiriques, Saltimbanques & Charlatans descrient leur semblables pour donner credit à leur drogue, ainsi vous deschirez l'honneur & la reputation de tous ceux qui iusques icy ont escrit de l'Art du Blason, afin de vous rendre maistre absolu de cette science, & de vous eriger vn trône sur les ruynes de l'honneur & du credit de tous ceux qui vous ont precedé.

Enfin le pauure Armonide creua sur le Theatre, & ie peux bien vous asseurer, que si vous ne mourez d'vne si belle mort, tous vos artifices n'empescheront pas que vostre reputation, & vostre Liure chácun en sa maniere, n'ayent vn sort aussi funeste & ridicule tout ensemble que celuy de ce Malheureux. Ie sçay bien que vostre Libraire, en a tout autre sentimét; mais vous estes plus croyable que luy, vous en auez fait l'horoscope, lors que vous auez dit, que vous ne pretendiez pas en faire vn meuble de Bibliotheque. Le Volume certes que vous luy auez donné, sembloit le destiner à quelque ministere que ie nomme point, ou tout au plus à la boutique du bon homme, où il auroit esté mis en pieces il y a fort long temps, si vostre qualité de Professeur, ne l'eust garenty de cet inconuenient. Nous sçauons quelque

C c

chofe de voftre politique. Et aujourd'huy perfonne n'ignore que dans vos Claffes, comme au fiege de Troye:

*Quicquid delirant reges plectuntur Achiui.*

Vous fçauez bien, Monfieur, fi ie dis la verité, de laquelle pourtant vous ne conuiendrez pas. Mais quelque mine que vous faffiez, il eft conftant, que c'eft de cette fource que nous viennent tant de fatras en toutes fortes de fciences, qui font aux meilleurs Liures, ce que l'yuroye au bon grain, fans parler de ceux que l'on eftouffe à deffein pour degoufter les Doctes, ou pour les maquignonner & les faire paroiftre fous vne nouuelle forme par vn attentat pareil à celuy de ce fol Empereur, qui faifoit mettra fa tefte fur les plus belles ftatues des Dieux de l'antiquité pour s'attribuer l'honneur qui eftoit rendu à toutes ces Diuinitez. C'eft de cette maniere, que voftre ouurage a efté bafty & tous ceux qui s'y connoiffent, rient de bon courage de vous entendre dire, que cette fameufe piece eft plus d'imagination que d'imitation.

Qu'ils en croyent pourtant ce qu'il leur plaira, vous auez raifon de dire, que voftre Liure eft vne piece d'imagination, mais d'vne imagination bleffée, ou du moins fort eftonnée, & tres digne certes de la poftille de voftre lettre du mois d'Octobre, par laquelle vous m'affeurez, que vous feriez le fol en huict langues; Dequoy vous vous eftes dignement acquitté, & n'en attendois pas moins, comme ie l'auois predit à voftre petit Officier. En general vous m'excuferez, fi ie dis, que vous ne paroiffez pas fort fage en toute l'eftenduë de voftre liure. En effet fi la conftance & l'egalité d'efprit en toutes chofes eft le caractere le plus certain d'vne Ame bien faite & d'vn homme bien fenfé. Que voulez vous que nous penfions d'vn efprit de Giroüette, qui change plus fouuent de figure que le Protée de l'antiquité, qui reçoit plus de couleurs que le Chameleon, qui eft perpetuellement agité de contraires penfées, & qui pour tout dire en vn mot:

*Diruit, ædificat, mutat quadrata rotundis.*

Ce

Ce que ie vous dis icy, ne font pas des imaginations, ce font des veritez fenfibles, reelles & effectiues, par lefquelles ie pretends de vous montrer que vous n'auez rien de plus conftant que l'inconftance, rien de plus propre que le vertige, rien de plus effentiel que la legereté & l'agitation continuelle d'vn nombre infiny de contraires fentimens, qui vous emportent tantoft deça tantoft de là comme vn nauire fans mafts & fans voiles au milieu des flots d'vne mer agitée.

Ie commence par voftre Preface, ou apres auoir canonné d'abord, esblouy & eftonné voftre Lecteur, de cinq ou fix phrafes môftrueufes vous vous laiffez emportez au vêt de cette legereté de maniere que les Armoiries qui de prime face vous paroiffoient *des figures de fantaifie & d'imagination,* au tourner du feuillet deuiennent de pieces *concertées & eftudiées, qui font en deux traits de pinceau toute l'hiftoire d'vne grande famille.* Ce qui n'eft pas portant fi bien determiné, qu'à deux pas de là ces chefs-d'œuure de l'Art, ne retournent en leur premier eftat, & ne deuiennent *des griffonnemens & des pieces de caprice,* comme celle de ce fameux Peintre, qui fit d'vn coup d'efponge ietté par depit contre fon ouurage, ce qu'il n'auoit peu faire auec le pinceau.

Mais ne nous pas haftons ce n'eft pas encore tout. En effet quelque caprice qui fe rencontre dans ces griffonnements, cela n'empefche pas que les Familles Nobles, ne fe foient pleuës en ces jeux de l'imagination, & quelles *ne les ayent chofis à deffein pour laiffer à la pofterité, les monuments de leurs belles actions.* Mais apres y auoir bien penfé vous prenez vne autre brifée, jufque a prendre à partie le pauure la Colombiere, qui auoit enfeigné que la Theorie des Armes defueloppoit touts les myfteres qui font enfermez dans chacune Armoirie en partculier ; Que c'eftoit (comme vous difiez tantoft) vne hiftoire abregée de touts les hauts faicts d'vne grande Famille. Mais il fe trompoit fans doute, & vous auffi : Car *la Partie la moins confiderable du Blafon eft cette Theorie, & tout bien examiné elle n'a rien de certain, toutes fes traditiues font fabuleufes,* de maniere que comme vn foible rofeau vous inclinez ores ça, ores là felon les diuers mou-

ue

uements dont voſtre eſprit eſt agité.

En la page 147. vous dites que les ornements de l'Eſcu qui ſont les Heaumes, cimier, &c. ne ſont pas de *Leſſence formelle de l'Eſcu, & qu'ils ont plus deſpendu de la fantaiſie & du caprice des Caualliers qu'ils n'ont eſté reglez par les Herauls.* Mais comme vous n'eſtes pas Marchant à vn mot, vous changes d'Auis en la page 167. Et voulez obliger le Sieur Capré, *de rendre raiſon* du cimier des Armes de Sauoye, ne vous ſouuenant plus de ce que vous venez de dire que toutes *ces gentilleſſes ſont pluſtoſt du effects des caprice que du raiſonnement*, ce qui ſuffit pour faire voir voſtre legereté qui eſt ce dont il ſagit; car ailleurs nous auons repouſſé ce que vous auez voulu dire contre ledit Sieur Capré.

En la page 97. Il ſemble que le vair doiue eſtre vne eſpece de fourrures. En effect vos Auteurs, ( qui ſon le Pere Monet, & autres de ſemblable force ) ſont de ce ſentiment, & vous meſmes page 98. Dites que ce mot *vair* vient du Latin, *varius pelles varia, &c.* Mais comme vous eſtes plus diuers, & plus bijarre que cette fourrure vairée, vous eſtes d'vn autre aduis en la page cent. Et ce vair n'eſt plus vne fourrure de deux couleurs; c'eſt cette ſorte de robbe où de veſtement que les anciens appelloient, *veſtes ſcutulatas.* Nous examinerons cy apres cette opinion voyons ce pendant cet article à fond. En la meſme page 97. vos Auteurs diſent que le vair eſt *ſemblable a des formes de Chapeaux, cloches ou Beffroys*, & vous meſme en la page cent dites d'vn ton magiſtral, *que les robbes eſcuellées ſont vraiement nos vairs qui ont la forme d'vn verre ou d'vn vaſe.* Ce queſtant ainſi pourquoy dites vous que Monſieur de Saluſſe, s'eſt équiuoqué quant il à dit que par le terme François *vair* on entend des verres ſans pieds, en façon de Campanes où de chapeaux à hauts bors? Au reſte vous n'oſeries dire que ledit Sieur ait entendu cecy, autrement que de la ſimilitude qu'il y à entre le *vair*, & les Campannes &c. Mais quant il auroit eû vne autre penſée & qu'il auroit dit affirmatiuement que ce *vair*, & les Campanes fuſſent la meſme choſe ilvous auroit pour Auteur; & auparauant

rauant que le condanner vous deuiez penfer a ce que vous auiez
à dire en la page cent dix, où vous enfeignez fort difertement
a voftre ordinaire que les, *Vairs pourroient eftre les bouts*
*& la dentelure des houffures de Tournoy que la Marche appelle*
*Campanes.*

Page 98. & 99. Vous faites vn long difcours pour monftrer que
les *Grands vairs*, ( ie m'accomode à vos façons de parler ) ne
doiuent pas eftre appellez BEFFROYS : Vous proteftez que vous
eftes du fentiment de l'Auteur moderne, & raportez mefme les
autoritez dont il s'eft feruy pour appuier fon fentiment. Et
aprez tout cela quoy. *Nunquid pardus mutare poterit varieta-*
*tes fuas ?* Non celà ne fe peuft. En effect vous parlez d'vne
autre maniere, en la page 130. où pour eftre bien auec tout le
monde, vous dites que le BEFFROY *en Armes eft vne machine de*
*guerre*, comme l'Auteur moderne : Où comme vos Auteurs qui
font honneftes gents & meritent bien cette petite condefcen-
dence, *Que c'eft vne piece de la forme des vairs mais beaucoup*
*plus grande.*

Page cent & dix le SAVTOIR eft vne piece des Barrieres d'vn
Camp. Ailleurs, page 422. c'eft *vn Deuidoir à deuider le filet*
*& faire les efcheuaux* ; Meneftrier accordez vos fluftes fi vous
pouuez.

page 132. *Coquerelles*, font noifettes dans leur fourreau, telles qu'on les voit quand elle font vertes. Et en la page 408. ce ne
font plus des *Coquerelles*, ny des noifettes. Ce font des *Coque-*
*rettes* qui font les fleurs de *L'Alcakengue où Solanum.* Qu'en
faut il donc croyre ? le m'enraporte. Mais fi ce font des *Noifettes*
ne les nommez plus, *Coquerelles.* Car ce terme eft trop prouih-
cial, & ne fçay point d'Auteur de nom qui les ait appellées ainfi.
Remy Belleau que Ronfart appelloit le Peintre de la Nature,
les nommes *Noifilles* en fes Bergeries.

*Ie te donne vn trochet de cent noifilles franches.*   où vous
remarquerez que *Trochet*, veut dire bouquet parce que ce fruit
vient par bouquets, appellez trochets en ce lieu, du terme *Tru-*
*che*, qui fignifie *Trouppe. Vnde, Marcher en truche*, dans le Ce-

D d

remonial de France, pour dire aller comme on fe trouue. Ce que i'ay voulu obferuer pour vous faire veoir que ce bouquet du Blafon des *Huaults* Famille de Paris, eft bien éloigné de ce que vous appellez barbarement, *Coquerettes.* Vous vouliez dire de la *Coquerée* où *Coqueret* comme dit Ruellius. Plante commune à l'entour de Paris laquelle fait tige, d'où elle produit, non des fleurs comme vous dites, mais des fruits de couleur de Nacarat. enfermez dans vne bourfe où vefie verte en fon commencement, & blanche en fa maturité à raifon de laquelle, cefte plante s'apelle auffi *Veficaria.* l'Importance eft que ces fruicts ne viennent point par bouquets, & n'ont nulle conuenance auec le Blafon de queftion que vous auez veu chez la Colombiere. Mais il vous importe peu que ce que vous dites foit a propos où non, pourueu que vous parliez, & que vous difiez *quidquid in buccam.*

Page 135. ESSONNIER eft vn *Ourle fleuronné,* on le nomme autrement *Trefcheur.* Et en la Page 143. Ce *Trefcheur* qui eftoit tout maintenant vn *Ourle fimple,* fera deformais vn double Ourle fleuronné.

Page 137. Vous dites que la GVIVRE *eß vn ferpent qui deuore vn enfant, comme celuy de Milan,* & au mefme lieu, Que le terme *Iffant,* fe dit de *l'enfant que la Guiure, ou Bifce femble deuorer.* De maniere que cet enfant deuroit bien plûtoft entrer dans le ventre du ferpent que d'en fortir, puifque le ferpent le deuore. Et cependant en la page 415. cet enfant n'entre plus dans le corps du ferpent, il en fort au contraire. Car le terme *Iffant, vient d'Iffir, qui fignifie fortir, & s'applique à l'enfant que ie ferpent femble deuorer.* Inconftance horrible ! quoy ? ne difiez vous pas tantoft diftinctement, que la Guiure eft vn ferpent, qui deuore vn enfant ? Pourquoy donc dites vous maintenant, que ce ferpent femble deuorer ? Parlons nettement, ie vous prie. Cet enfant entre-t'il dans le ventre du ferpent, où s'il en fort ? s'il en fort, comme vous dites en la Page 415. comment pouuez vous dire, Page 137. que cet enfant eft deuoré ? Que s'il eft deuoré, en quelle maniere peut-il fortir du ventre de cet animal

car

carnacier? Ce Monstre seroit-il du naturel de la Baleine, qui en-
gloutit le Prophete Ionas pour le reuomir puis apres. Et cet enfant imiteroit-il ces petits Chiens marins de la mer d'Islande,
qui entrent & sortent dans le ventre de leur mere, quand bon
leur semble?

Au reste vous donnez vn aduis important à vostre Lecteur,
que *l'enfant marrissant* de ce mesme Blason de Milan, signifie
vn enfant *masle Issant*, ce que ie n'ay pas entendu, ainsi que
vous dites. Or en cela i'aduoüe ma foiblesse & vous declare, que
ie n'ay compris, ny ne peux comprédre encore cette belle explication. Car si par ce mot de Masle, qui est assez mal escrit, vous
entendez vn enfant du sexe masculin, ie voudrois bien sçauoir,
de qui vous tenez cette nouuelle, peut-estre que cét enfant estoit
le grand Alexandre, comme Alciat le semble dire. Et en ce cas,
le serpent n'auroit pas deuoré, ce precieux enfant & vous seriez
obligé de reformer tout ce que vous auez barboüillé sur ce suiet.
Que s'il faut lire Mal issant pour exprimer l'enfantemét malheureux de cette beste, vous n'auez pas mieux rencontré, parce que
cet enfant naissant la teste la premiere, il n'y a rien de sinistre en
cet accouchement, qui est le plus naturel & le plus heureux : Au
contraire tous les autres sont difficiles, & presque roûjours fu-
nestes à l'enfant & à la mere, & c'est de là que sont venus les
*Agrippes, Cæsars & Cæsoniens.* Et partant ie me tiens à mon explication, dautant plus naturelle que tous les hommes pleurent &
gemissent en naissant, ce qui est signifié par le participe *Marrissant* deriué de l'ancien verbe François *Marrir*, pour dire se
courroucer & fâcher.

Prenez patience, Monsieur, i'auray tantost fait, il ne me reste
plus qu'à montrer que vous estes fol en huict langues, s'il s'en
trouue tant dans vostre ouurage, ce que i'expedie le plus brief-
uement qu'il me sera possible, de peur de vous ennuyer. Et
pour commencer par les plus connuës, ie trouue que vous
estes fol, *en bon François*, encore que le vostre soit tres-barbare
& pour cela il n'y a pas à marchander, il ne faut qu'ouurir vostre Liure & si on ne trouue vne sottise en quelque lieu, qu'on se
ren-

rencontre, dites que ie n'y entends rien, En effet fi l'on en ofte les vanitez, jactances, impertinences, inepties, beueües & autres fautes de iugement & de conduite, il ne reftera que tres-peu de chofe, qui ne merite animaduerfion. Voftre Preface que vous auez tant aymée, eft pire que tout, elle triomphe en apparence, & qui ne la void que de loin, la trouue pompeufe & magnifique, mais fi on la confidere de prez, on y trouuera plus de plaftre & de fard que de folide beauté, plus d'enflure que de fuc, plus de fanfares & d'extrauagances que de iugement & de prudence. Ie m'arrefte à la premiere partie, *quæ incipit à ftrepitu & definit in crepitum*, & c'eft vne chofe plaifante que tout ce grand orage de paroles ampoullées aboutiffe à vne propofition fauffe, temeraire & infolente. *Que nos Souuerains recompenfent des veritables dangers par des bien-faicts en peinture.* Ce qui ne leur eft pas moins iniurieux qu'à la meilleure Nobleffe. Car quant tous nos Braues feroient fi ftupides que de prodiguer leurs biens, leur fang & leur vie, pour des Couronnes de papier & des recompenfes en peinture; nos Roys font trop iuftes & genereux pour ne partager auec leurs fuiects les fruicts de leurs conqueftes, dont tout l'honneur & la gloire leur demeure. Ce qui a fait dire à Caffiodore, que la reconnoiffance des belles actions eft vne marque de la iuftice du Prince. C'eft pour cela que ces recompenfes font appellées *Fifci, Regalia, Beneficia, Honores.* On les appelle *Fifci & Regalia*, parce qu'ils font emanez du Trefor de nos Roys, *Beneficia*, parce que bien fouuent la liberalité du Prince furpaffe le merite de fes fuiects, on les appelle auffi *Honneurs*, parce que les bien-faits font des tefmoignages rendus à la vertu de ceux qui les reçoiuent. Et au fait qui fe prefente, vous ne pouuez pas ignorer, que voftre Geofroy le Velu fur le Blafon duquel vous baftiffez cette Preface ridicule, n'ait receu en mefme temps l'inueftiture de la Comté de Barcelonne, ou de Charles le Chauue, comme difent nos Hiftoriens, ou de Louys le Begue, felon Beutherus. Apres quoy, il faut bien eftre fol fieffé, pour s'imaginer qu'vn Blafon fabuleux ait plûtoft efté la recompenfe de fes feruices, que ce bel heritage.

Ie

Ie ne vous preſſe pas d'auentage ſur cet article. Les fautes que vous y faites ne ſont que trop notoires,& en ſi grãd nombre qu'on en feroit vn juſte volume, voylà pourquoy ie paſſe à la langue Latine où vous eſtes pour le moins auſſi fol qu'en voſtre langue maternelle.

Page centieſme de l'Art pretendu veritable vous mettez en auant que les Robbes appellées des Latins, *ſcutulatæ* ſont vrayement nos *Vairs*, *qui ont la forme d'vn verre*. Ce qui ne peuſt eſtre en façon quelconque, & de trois opinions qui ſe rencontrent ſur ce ſujet, il ny en à aucune qui vous fauoriſe. La premiere que vous apportez, eſt de Nicolas Perrot. Il ne dit pas quelles eſtoient les figures qui paroiſſoient ſur ces Robbes, *Eſcuellées* ; Mais on collige de ſon diſcours que l'eſtoffe de ces Robbes, eſtoit en qu'elque façon ſemblable au *Tabis où Camelot vndé* ce qui eſt bien éloigné de noſtre *vair*, car c'eſt ainſi qu'il faut parler s'il vous plaiſt, ſi vous ne voulez paſſer pour Barbare: en là langue du Blaſon, auſſi bien qu'en toutes les auttres. La ſeconde eſt d'Iſidore qui ſemble nous ſignifier que les, varietez qui ſe voient ſur les Robbes de queſtion, ſont ſemblables à celles des Cheuaux que nous appellons *Pommelez*. *Scutulatus Equus inquit, ſic dicitur propter orbes quos habet candidos inter purpureos.* Ce qui n'a gueres de rapport à vn verre ſans pied où à vne Cloche. La troiſiéme opinion eſt diametrallement oppoſée à la voſtre, & a celle de ces Auteurs. Elle eſt de Turnebe qui demonſtre que ces Eſcüelles eſtoient quarrées barlongues, & non rondes contre, le ſentiment d'Iſidore, & de tous les Grammairiens. Sa raiſon eſt conueinquante, que là forme de l'Eſcüelle (*Vnde veſtes ſcutulata, & ſcutulatum Aranesrum rete*) n'eſt point ronde ains quarrée barlongue. Il la confirme par l'autorité de Cenſorin cap. 22. *Heteromecos quadrangulum nec latera habet paria, nec angulos rectos ſimile ſcutella*; Et enfin par lafigure de l'Eſcu des Legionnaires Romains qui eſtoit quarré longuet. Or ſi ces Eſcüelles, & *Scutulata veſtes* ſont deriuées de l'Eſcu, Iuges ie vous prie qu'elles eſtoient leur figures & quel rapport elles pouuoient auoir à vn verre ſans pied.

E e

Vous eſtes encore plus fol en cette langue en la page 105.
où vous rangez les *Cincinnats* auee les *Coruins* , & les *Torquats*,
& vous imaginez que ce ſurnom des Quintiens ait eſté
vne marque de quelque action genereuſe du chef de cette
famille , & de ſes deſcendants. Peuſteſtre que leur valeur
eſtoit attachée à leur cheueux creſpus annelez & recercel-
lez , comme il ſe lit de Samſon. En effet nous apprenous de
Suetone , que Caligula traicta vn de cette race de la meſme maniere que Dalila ſon Mary Samſon : Ce qu'il fit auſſi à pluſieurs
autres qui auoient de belles Perruques qu'il leur fit raſer par deuant. Mais ce n'eſtoit pas pour cela qu'il en vſa de la ſorte a leur
endroit ains pour les des - honnoret en leur oſtant cette belle
cheuellure friſée , qui eſtoit propre de touts les Quintiens à raiſon dequoy Suetone l'appelle , *Vetus familiæ inſigne*. Que ſi vous
voyez chez le meſme Suetone, qu'il oſta à vn Manlien , le collier qu'il portoit comme deſcendu de celuy qui le premier ob-
tint le nom de *Torquat*, ilne faut pas vous imaginer que ce *Quin-
tien* maltraicté par *Caligula*, portaſt vne Guirlande où bouquet
de cheueux, comme ce Torquat vne chaine d'or. Point du tout.
Cn. Pompée iſſu du grand Pompée auquel l'Empereur oſta le
Surnom de *Grand*, ne portoit ſur ſoy aucune marque ou ſymbole
exterieur Equiuoque à ce ſurnom de grand, par lequel on le
peuſt connoiſtre. Mais parce que le naturel enuieux,& malin de
ce Prince ne pouuoit rien ſouffrir d'excellent en qui que ce
fut,il oſta au Manlien la chaine,à Pompée ſon ſurnom & à noſtre
Quintius ſa peruque. l'Auteur dit tout net *Crinem* qui eſtoit
creſpu d'vne telle maniere qu'il ſuffiſoit pour monſtrer qu'il
eſtoit iſſu du grand Quintius ſurnommé *Cincinnatus* non pour
auoir fait quelque action heroïque comme *Manlius Torquatus*,
où à raiſon de quelque euenement ſingulier comme *Valere Cor-
uin* mais parce qu'il auoit vne belle teſte , tout ainſi que les Do-
mitiens furent nommez *Enobarbi* où Barberouſſes, les Horaces,
& quelques Scipions *Barbati* où *Barbus*, & les Emiliens *Barbula*
où petites Barbes, les Saluſtes *Criſpi* , les Liciniens *Calui* &
ainſi de mille autres que vous verrez chez les Auteurs qui
traitent des noms Romains.                                       Vous

Vous n'eftez pas plus fin en cette matiere des noms Romains,
en la page 346. où vous confondez les prenoms auec les noms
des familles Romaines, ce qui n'eft pas excufable en vn Profeffeur. Les Marcels & Marcellins pouuoient bien eftre noms de familles : Mais non celuy de Marc, qui eftoit vn prenõ defendu par
Edict à tous les Manliens en haine de celuy qui attenta à la Mo-
narchie. Il faut donc diftinguer entre le Prenom, qui eftoit
commun à toutes les familles Patriciennes & Plebciennes. Le
nom qui eftoit *totius gentis*, ou de toute vne race, dont les particuliers eftoient diftinguez par ce Prenom, & beaucoup mieux
par le furnom, qui eftoit d'vne branche ou famille, comme les
Scipions, Lentules, Cinna & Sylla de la race Cornelienne, & enfin par l'Agnom, qui eftoit vne efpece de foubrifure. Et de cette forte eftoient les Africains, Nafiques & Barbus dans cette famille des Scipions. I'ay honte de m'amufer à ces bagatelles, mais
vous deuriez bien eftre plus honteux d'ignorer, ou quoy que ce
foit de parler fi mal de chofes communes, & fi triuiales parmy les
gens de lettres.

Nous auons déja parlé de la *Deftrochere*, & obferué voftre ir-
refolution fur ce terme que vous expliquez diuerfement felon
les temps & les faifons. Mais aujourd'huy il ne s'agit pas de cela, nous en cherchons l'origine, & vous montrez en ce poinct,
que vous n'eftes pas plus fage en Grec qu'en Latin. En effet,
Monfieur, il ne vient pas du Grec, διξιόχειρ, comme vous
auez voulu dire, (la raifon eft, que ce terme διξιόχειρ tout feul,
fignifie la main droite fans y adjoûter le fubftantif, qui eft fouf-
entendu.. Voyla pourquoy vn fçauant homme a efcrit, que *dex-*
*trocherium dicitur quafi* διξιόχειρον. Il dit quafi διξιόχειρον, car encore
que les Grecs ayent compris le bras fous le nom de la main,
comme remarque ce docte, fi eft ce, que ces joyaux, que les Latins
nomment *Deftrecheres*, n'eftoient pas tellement attachez au
bras droict, qu'on ne les portaft au gauche.

Enfin vous auez dit, qu'au lieu de Capitolin, que nous auons
cité dans nos origines, & vous en l'Art pretendu Veritable. page 410. *Dextrocherium* fe prenoit pour vn Braffelet, comme fi

vous

vous vouliez dire, qu'il fignifioit autre chofe ailleurs, vne pante de manche, par exemple. Or fi cela eftfouuenez vous d'apporter des autorités, finon vous m'excuferez fi ie dis, que vous n'eftes pas plus fage en Grec qu'en Latin. Outre ce paffage de Capitolin ie vous donne auis qu'il y en a vn autre de luy-mefme *in Maximino iuniore.* Vn autre de Trebellius Pollio en la vie de *Quietus.* De S. Ambroife en celle de fainde Agnes. De Lucifer de Cailler en Sardaigne *de non parcendo in Deum delinquentibus,* où vous ne trouuerez point que ces dextrocheres ayent iamais paffé pour des pantes de Manches.

Vous eftes fol en Grec & en Latin en la page 74. où vous mettez l'Ochre entre les termes barbares. Remettez-vous, Monfieur, & apprenez de voftre Scapula, que ce terme eft pur Grec ὤχρα, duquel les Latins fans rien changer ont fait leur *Ochra,* & nous noftre Ocre.

Vous n'eftes pas moins fol en Hebreu qu'en Grec & en Latin, & encore que ie n'entende rien en cette langue, ie fuis affez habile homme, pour connoiftre que noftre *Badelaire,* ne vient point de *Badal,* la raifon que vous en apportez, n'eft pas fort conuaincante, car fi les Badelaires couppoient vn homme en deux pieces, comme il eft arriué au fiege d'Antioche par les Chreftiens, où le grand Godefroy donna vn fi rude coup à vn Sarrafin, que la moitié de fon corps demeura fur le champ, & l'autre fut reportée par fon cheual dans la Villé. Et plufieurs fois en Albanie où Scanderberg couppa deux Turcs liez enfemble d'vn feul coup de fabre. Sçachez que cela dependoit autant du bras que du Badelaire. D'où vient qu'Amurat fecond eftant en treues auec ce petit Alexandre, & luy ayant demandé de voir cette efpée, qui faifoit tant de merueilles, il la luy renuoya affez mal fatisfait, apres auoir veu, que ce bafton entre les mains des plus robuftes de fa Cour ne faifoit rien d'extraordinaire. Ce que i'ay voulu marquer icy, parce que vous raportez cette hiftoire autrement, & pour vous apprendre que tout ce qui couppe n'eft pas Badelaire, & que tout Badelaire n'eft pas capable de faire les coups que vous dites, s'il n'eft bien emmanché.

C'eft

C'eſt ce que i'ay obſerué des langues anciennes, que l'on appelle matrices. Ie paſſe à celles qui en ſont emanées, & trouue
que vous n'eſtes pas fort ſage en Italien. Comme en la page 405.
où vous dites que noſtre Buſte vient de l'Italien *Buſto*, qui ſignifie vne teſte humaine auec vne partie de la poiſtrine ; c'eſt voſtre
penſée, & tout au contraire ce terme ſignifie propremẽt vn tronc
ou ſtatuë, qui n'a point de teſte *Philippo venuti* en termes ex-
pres *Buſto per il corpo ſenza teſta*, Monſieur Meſnage tout de
meſme pour vn corps ſans teſtes, bras & iambes. Vous paroiſſez
auſſi barbare en cette langue, page 404. où vous dites que noſtre
Guyure eſt *la Biſcha* des Italiens. Vous vous trompez, les Italiens
eſcriuent *Biſcia*, & prononcent *Biſche*, excuſez vous ſur voſtre
Imprimeur, ſi vous pouuez.

Aprez auoir examiné ce que vous pouuez en la langue Ita-
lienne, ie viens à l'Heſpaignolle de laquelle vous n'auez qu'vne
fort legere teinture, comme nous auons veu cy deſſus en parlant du *Sautoir*. Et a fin que perſonne n'en doutaſt, vous nous
en donnes vne nouuelle preuue, page 428. De l'Art pretendu
veritable ; où vous dites, par erreur que noſtre *Viure Armorialle*
eſt deriuée de l'Eſpagnol *Biuora* oú *Viuora*. Car il eſt euident
que la Biuora des Eſpagnols ; Et la viure de nos Herauts eſt
tirée du Latin *Vipera*, par le changement de la lettre P, en l'v
conſonante dont nous auons cent exemples. Ainſi de *Sapo*
nous auons fait *Sauon*. de *Cepa*, ciue. *Cupa*, Cuue : *Sapa*, ſeue.
Les Lyonnois diſent ſaue. *Sapor*, ſaueur. *Napettus*, nauet. *Ripa*,
riue. *Papilio*, Pauillon. *Paputtus*, pauot. *Lupa*, Louue. *Lupara*,
Louure. *Sabaudia*, Sauoye. *Capilli*, les cheueux. *Capra & Ca-*
*preolus*, Cheure & Cheureul. *Lepus Leporis*, Lieure. *Separare*,
ſevrer. *Recuperare*, recouurer. *Cooperire*, couurir. *Aperire*, ouurir. Et ainſi de autres. Pour l'Epagnol, *Biuora*, il eſt tout
clair qu'il vient de *Vipera*, en changeant l'v conſone, en B, ce
qui eſt familier aux langues Latine, & Françoiſe & ſur toutà
la Gaſconne dans laquelle il y a vn commerce perpetuel de l'vne
de ces lettres auec l'autre. Quand à la voyelle que nous ſupri-
mons, les Eſpanols l'ont changée en O, qui domine chez eux.

F f

Le defir que vous auez de paffer pour habile homme en cette langue vous a fait auffi dire en la page 413. que le *Giron* eft vn diction Efpagnole pour preuue dequoy vous apportez voftre Dictionnaire, qui dit, qu'elle fignifie proprement *le Gouffet d'vne chemife.* Mais comme ce terme eft fort vfité en noftre langue, laquelle eft pour le moins auffi ancienne que l'Efpagnole, i'eftime que s'il en faut chercher l'origine, nous deuons plûtoft recourir aux langues Matrices qu'à celles qui en ont efté formées. C'eft pour cela que i'ay tiré nos *Giroüettes,* les tuiles Gironnées & le Giron Armorial du Latin *Gyrus.* Ie pretends mefme en faire fortir cette derniere efpece de Gyron, que l'on appelle en Latin *Gremium.* Ie repete donc icy ce que i'ay dit ailleurs, que nos *Giroüettes* viennent de *Gyrus,* & ie croys que cette Origine eft fans difficulté. La difpofition qu'elles ont de tourner à tous vents, comme certains Moynes Libertins à courir de tous coftez, à raifon de quoy ils eftoient nommez *Gyrouagi,* en eft vne preuue indubitable. Quant à l'efpece de tuile pointuë, que l'on nôme *Giron* en Frãce; fi elle ne tourne ainfi que les Giroüettes, elle en a la figure auffi biẽ que le Giron Armorial, ce qui fuffiroit pour luy en cõmuniquer le nom & l'origine. L'vn & l'autre pourtant tourne en quelque maniere ; Car comme i'ay dit ailleurs, les tuiles Gironnées font arrangées *in Gyrum* autour des couuerts de figure ronde, & les Gyrons Armoriaux à l'entour de l'Efcu : Au centre duquel les pointes viennent aboutir, comme les tuiles Gironnées à la cime des Tours, qui eft le centre de ces edifices. La penfée de Spelmanus n'eft pas fort efloignée de la noftre. Il dit, que ces figures Armoriales dont eft queftion, font appellées *Girons. Quòd in Scuti gremio, Gallis,* Giron, *coeunt.* Et fort à propos. Car comme les Robbes de nos anciennes Matrones, & les Vertugales mefme des derniers temps eftoient fort amples par en bas & tres eftroites vers la ceinture ; Il falloit par neceffité que cette partie de robbe fuft compofée de chanteaux, lefquels eftants femblables à nos Girons, ils en ont receu le nom En effet ces chanteaux de Robbes font appellez Geronnes dans le Perceforeft. Noftre Froiffart donne le mefme nom au Gi-

ron

ron Armorial au Blason du Conneſtable d'Angleterre du nom de Mortemer , qui eſt vn Enigme pour les Nouices de l'Art. La Chronique de Flandres dit , que le Comte Philippe quitta les *Armes Girennées.* Mais le ſeul nom de Giron eſtant demeuré aux Armes, il a auſſi paſſé au meſme temps à cette partie des habits, qu'on appelle en Latin *Gremium* , & Giron en noſtre langue.

Voyla, Monſieur, l'origine de cette derniere eſpece de Gyron, qui vient radicalement de *Gyrus*, comme tous les autres. De *Girus* les Latins ont fait *Gyrare.* Et nos vieux Gaulois *Guirer,* d'où vient qu'Orderic Vitalis liu. 13. de ſon hiſtoire Eccleſiaſtique, appelle les fuyards *Guiribecci,* ce qui n'a pas beſoin d'explication. Or comme de Gyrare on a fait le vieil mot *Guyrer* a douay depuis, en *virer,* ainſi quelques Heraults anciens, & Geliot meſme entre les modernes on dit *Guiron,* pour Giron, apres quoy i'eſtime qu'il ne faut plus douter de l'origine de ces termes, qui ſont plus François qu'Eſpagnols. Mais quoy, c'eſt voſtre Marotte & vous aymez bien tant cette natió, que vous luy attribuez meſme l'inuention du Ieu des Eſchecs, cóme ſi nous ne ſçauions pas que l'Ingenieux Palamedes en eſt l'Auteur dés le téps du ſiege de Troye, d'où il s'eſt répédu par toute la terre habitable. Quoy qu'il en ſoit les Iſlandois meſme tous barbares qu'ils ſont , iouent fort bien aux Eſchecs. Les Turcs de tout temps y ont eſté grands Maiſtres & l'on obſerue, que celuy qui vint auertir Curbagat que les Chreſtiens ſortoient d'Antioche pour le Combatre le trouua jouant aux Eſchecs. Aprenez auſſi de Ioinuille que le Vieil de la Montagne enuoya à ſaint Louys, *Tables & eſchecs de Cryſtal, le tout fait à belles fleurettes d'ambre liées ſur le cryſtal à belles vignettes de fin or.* De ſorte, qu'à vous en dire le vray, il y a plus d'apparence que les Eſpagnols ayent apris ce jeu des Maures & Sarrafins, que les Maures & autres Nations, des Eſpagnols.

Cecy ſuffira pour la langue Eſpagnolle , reſte de vous faire veoir que vous refuez en Aleman, auſſi bien qu'és autres langues. En effect les Alemans n'appellent point leurs Ceriſes *Creques,* comme vous auez dit en la page 409. Le Ceriſier eſt vn

Arbre

Arbre estranger à lesgart de ces peuples, qui l'ont emprunté auec
le nom, de son pays. Et i'apprens des Alemans naturels qu'ils
le nomment. *Kirsin baum*, & la Cerise *Kerse* en Latin *Cerasus.*
Cette lägue quoy qu'ancienne a quantité d'autres termes qu'elle
à receus de ses voisins, & nous apprenons, de Valafridus que le
terme *Kerk* entr'autres d'où le P. B. à voulu deriuer le *Crequier*
pour en faire vn *chandelier d'Eglise*, n'est pas Aleman d'origine. C'est vn deriué du Grec, κυριακὸν qui est ce que les Latins ont
appellé *Dominicum*, c'est a dire vne Eglise, de quoy il rent la raison, qui vous apprandra quelque iour que le terme *Banner*, est
encore vn terme estranger emprunté du Grec, βανδὸν d'où les
Hongrois ont fait leur *Bander*, les Italiens *Bandiera*, les François
*Banniere*, & les Alemens *Banner*.

Nous finirons icy Monsieur car ie ne trouué point d'Anglois
dans vostre bel ouurage, nous verrons à l'auenir comme vous
vous en escrimeres. Mais si l'on peut iuger de la taille d'Hercule
par le vestige de ses pieds, & du Lyon par son ongle, ie conois
à peu pres ce que iay a craindre où a esperer de ce costé. Soyez
donc tant habile qu'il vous plairra en toutes ces lägues, ioignez-y
le Syriaque le Chaldaïque, l'Arabe, le Persan, l'Indien, le Chi-
nois, le Iaponois, & en general toutes les 75. langues de la
terre habitable ie ne consideray tout celà en vous, que comme des moyens, de faire connoistre vostre folie. Ie ne vous of-
ense point Monsieur mon amy vous me contraignez d'user
de ces termes. Et vous monstrez bien que vous n'estes pas fort
sage de m'inuiter à vous respondre en huict langues : Comme si
pour auoir inseré quelque meschant mot mal entendu, de chacune de ces langues dans vn mauuais ouurage, vous deuiez estre
capable d'en escrire des volumes.

Croyez moy Monsieur, apprenez bien à parler vostre langue
maternelle, & l'emploiez côtre moy. Ie m'efforceray lors de vous
respondre. Pour toutes les autres laisses les en repos, elles ne sont
pas propres pour expliquer les termes du Blason qui nont grace
qu'en nostre langue comme vous auez dit plusieurs fois. Auises
aussi de ne pas profaner toutes ces belles langues, & c'elle là
entr-

entr'autres que vous appellez sainte, à faire des Satyres & des inuectiues; Car cela n'est pas Chrestien, & beaucoup moinsce que
vous voulez parestre. En tout cas faites le si adrettement qu'en
publiant les defauts d'autruy, vous ne donniez à connoistre les
vostres. F. *Claude* mon Amy ie parle hardiment. Encore que
deuant Dieu ie ne sois innocent, si est pour-tant que de là part
des hommes ie ne crains-rien de tout ce que vous m'imputez, &
sur tout du costé du Blason des Cogliones.

Mais que voulez vous que ie pense d'vn homme de vint-huict
ans qui me presse de luy enuoyer ie ne sçay quelle *Ieanne la
Iolie* auec des termes qui sentent plus le Bordel qu'vne Academie
chrestienne & Religieuse? Vous m'accusez d'iurognerie par ce
mesme billet. Mais vous F. *Claude* estiez vous sobre quant
vous mescriuiez cecy, que si vous l'auez fait à ieun, & de sens
rassis, que peust on esperer de la vie, & des meurs de ceux qui
font de telles esquippées? Tout de bon *Monsieur Menestrier,*
auriez vous pris ces leçons du Pere *Tambourin*? Si i'estois Ora-
teur ie m'escrirois icy. O Ignace! O Xauier! Seraisie si mal-heu-
reux d'estre accusé d'impureté par des Effeminez, d'Auarice par
des Clercs Marchands, d'yurognerie par des personnes à qui
l'on pourroit attribuer iustement ce mot du Prophete, *Fel Dra-
conum vinum eorum, & venenum aspidum insanabile.* Le Lecteur jugera si cecy est dit par exageration voy-cy l'eschantil-
lon d'vne seconde lettre, par laquelle vous me menaces de m'en-
yurer de ce fiel envenimé, vn temps auquel l'Eglise solennise
l'ecoulement de ce Miel Celeste qui à destrempé toutes nos
amertumes.

Monsieur.

Vous combattez vne vmbre vous chantez victoire de la
defaite d'vn *Fantome.* Qu'est deuenuë vostre Brauour, est ce
ainsi que vous parlez à sa R. que ne m'enuoyez vous *Cette
Ieanne la Iolie que vous ne prostituez qu'à vos Amis. Plus bas.*
Receuez ce coup d'estocade que ie vous porte. Ce sont des
Epigrames qui ne m'ont cousté qu'vn qnart d'heure bien loin
d'estre six mois a respondre. Voyons donc ces Epigrames.

G g

*Infame Auteur qui dans ton Liure,*
*As fait reprefenter en cuiure :*
*Les fales monuments de ta lubricité.* &c.

Toute la Republique de Venife eft coupable de ce mefme cri-me, ayant autorifé l'Eftampe, & la publication de ce que vous condannez par vn Priuilege de vint ans ; Apres auoir combat-tu pres-qu'au-tant d'Années foubs cette Enfeigne qui fe trou-ueroit encore dans l'Eglife de Saint Marc où dans celle de Nof-tre Dame de Bergame où le grand B. Coglione eft enfeuely fi le temps qui ruine tout ne l'auoit confumée. Nos Princes de là maifon d'Anjou, & de Bourgõgne font des Impurs qui ont re-cherché l'Alliance du mefme Coglione, qui l'ont adopté, & receu dans leurs familles, qui ont fouffert que les Lys Simbo-les de pureté, ayent efté profanes & contaminez par le meflan-ge de ce Blafon des-honnefte. Au iugement de qui ? de F. C. Meneftrier, qui me prie de luy enuoyer Ianne la Iolie, & qui fe vante d'aller dans les *Cercles* me rendre le change de mes railleries.

Maiftre Meneftrier, mon Amy, ie vous ay déja dit, que ie ne fçay qu'elle eft cette Ieanne la Iolie, mais fi i'auois le bien de la gouuerner, ie me garderois bien de vous la confier, vous la per-driez de l'humeur que vous eftes, & vous auec elle. Vous auez beaudire, que vous eftes ce que l'on fçait affez ; que vous eftu-diez en Theologie ; que vous auez crié, pefté, & declamé contre l'abomination. Tout cela ne m'affeure pas, ny vous non plus. I'ay leu le Liure de ce venerable Vieillard de voftre Compagnie, *De fobria a'terius fexus frequentatione,* & ie fçay le danger qu'il y a d'approcher le feu des eftouppes, voyla pourquoy ie vous con-feille de vous abftenir de la conuerfation de cette Iolie. Que fi toutesfois vous en eftes fi fort coiffé, que vous ne puiffiez vous en paffer, preparez vous à cette conference, cóme le chafte *Com-babus,* au voyage qu'il auoit à faire auec la Reyne Stratonice vers

la

la Deeſſe Syrienne, ſinon ie parie voſtre perte, ſi vous n'eſtes dé
ja perdu.

Ie ne mets point icy le reſte de cet Epigramme, ny les ſuiuans,
qui ſont auſſi badins, comme cettuy-cy eſt effronté! Aduoüez-
les F.C. & ie tâcheray d'y reſpondre cathegoriquement. Sçachez
cependant que tout ce que vous auancez de ce Threſor de ca-
lomnies me touche fort peu ✝ τὸ γὰρ τοιούτων κείζη μέρος ὅτι ἐλέγχει ✝
ἁμαρτημάτων τ ἀληθείαν. Et vous monſtrez bien que vous ne ſçauriez
trouuer à mordre ſur moy, puis qu'apres trente ans de vie paſ-
ſez à la veüe de toute vne grande Cité, vous vous en prenez aux
cendres des morts, dont vous deſchirez la reputation pour de-
ſtruire la mienne F. C. vous vous empreſſez ce ſemble pour
ſçauoir mon Origine, vous la pouuiez apprendre ſans beaucoup
de peine. Elle eſt aſſez mediocre, & neantmoins la Prouidence a
permis qu'elle ait eſté inſerée parmy les trophées funebres de
tout ce qu'il y a de grand & d'illuſtre dans noſtre France. Que
ſi l'Auteur que vous citez quelques-fois, vous ſemble ſuſpect en
cette occaſion, conſultez cent perſonnes d'honneur de tous les
Ordres de voſtre Ville ſans exception, & ie ſuis certain, que
vous n'aprendrez rien, qui ne vous donne plus d'enuie, que tout
ce que i'ay veu de vous juſques à preſent ne me ſçauroit faire
de pitié.



F I N.

9 782329 751283